L'ANXIÉTÉ
au quotidien

ÉRIC ALBERT
LAURENT CHNEIWEISS

L'ANXIÉTÉ
au quotidien

2e édition

ÉDITIONS ODILE JACOB
15 rue Soufflot, 75005 PARIS

« LA SANTÉ AU QUOTIDIEN »
collection dirigée par Edouard Zarifian

déjà parus

2. Catherine Tobin, *La schizophrénie au quotidien*
3. Hubert Aupetit, *La maladie d'Alzheimer au quotidien*
4. Catherine Milcent, *L'autisme au quotidien*
5. René Marteau, *La sclérose en plaques au quotidien*
6. Alain Jehan, *La bronchite chronique au quotidien*
7. Denis Vincent, *L'asthme au quotidien*
8. Jill-Patrice Cassuto, Brigitte Reboulot, *La séropositivité au quotidien*
9. Marie-Lise Bargues, *Mal entendre au quotidien*
10. Anne de Kervasdoué, *Jours de femme*

ISBN 2-7381-0186-0

Toute maladie est un événement qui implique des échanges entre trois partenaires : le malade, son entourage, son médecin. La guérison et le mieux-être dépendent de la nature de ces échanges, et de leur renforcement mutuel. On peut vivre seul sa maladie. Mais pour réunir toutes les chances de guérir, mieux vaut être trois partenaires à la combattre.

Chaque titre de cette collection se propose d'informer, aussi complètement et clairement que possible, sur une affection. Comprendre pour pouvoir dialoguer : les rapports entre le médecin, le malade, sa famille ou ses proches, en seront facilités; leur alliance, et donc la lutte contre la maladie, renforcées.

C'est aussi un guide pratique, qui fournit des renseignements sur les aides existantes, les aspects administratifs, les adresses à connaître, en bref tout ce qui peut être utile au malade et à ceux qui l'entourent.

E. Z.

Sommaire

Avant-propos 11

Première partie
JE SUIS ANXIEUX

Chapitre 1 – **Bonjour l'angoisse!** 15
De quoi parle-t-on? 17
Anxiété et angoisse 18
Anxiété et peur 19
Anxiété et stress 21
Le meilleur et le pire 22
    L'énergie de l'intelligence 22
    Une énergie à contrôler 23

Chapitre 2 – **Comment s'exprime l'anxiété au jour le jour?**. 25
Angoissés mais célèbres 26
    Le compositeur « paniqueur » 26
    L'enfance angoissée de l'écrivain 27
    Caprices de star 29
L'anxiété aux mille visages 30
    Le diable au corps 30
    Ça me prend la tête 32
Les « manières d'être » anxieux 33
    Les évitements 34
    Les inhibitions 34
    Les rituels 35
    L'hyperactivité 35
L'enfer pour les autres 36
    L'égocentrique inattentif 37

L'écorché irritable 37
L'inhibé assisté 37

Chapitre 3 – **Prendre la mesure de son anxiété** 41
L'anxiété dans son contexte 41
Les événements de vie 41
Une échelle sur mesure 45
Le différentiel satisfaction/aspiration 48
Peut-on mesurer son anxiété? 50

Chapitre 4 – **L'anxiété, est-ce bien normal?** 53
« Dans la vie faut pas s'en faire » 53
N'importe où sauf dans la tête 54
La déprime 56
Tristesse et dépression 56
Anxiété et dépression : des états opposés? 58
A chacun sa normalité 60

Deuxième partie

QUAND L'ANXIÉTÉ DEVIENT UNE MALADIE

Chapitre 5 – **L'anxiété, ça peut s'expliquer** 67
Le caractère anxieux et la maladie anxieuse 67
Le psychanalyste et le pharmacologue 69
« C'est psychologique, donc ce n'est pas une maladie! » 70
Les origines de l'anxiété 71
Une base biologique 72
Des structures anatomiques impliquées 72
Des indices neurobiologiques 73
Des tests biologiques 74
La piste génétique 75
La théorie psychanalytique 76
Modèles comportementaux 78
Le conditionnement 78
Signaux de danger et signaux de sécurité 79
L'approche cognitive 80
Penser l'anxiété : une synthèse possible 81

Chapitre 6 – **Les maladies de l'anxiété** 87
Le trouble obsessionnel-compulsif 87
Les phobies simples 95
Les phobies sociales 97

- Le trac ... 99
- « En public, je flippe » ... 101

L'état de stress post-traumatique ... 104
Le trouble panique ... 105
- Des manifestations subjectives ... 106
- Des symptômes physiques ... 107
- « Je crois que je deviens fou » ... 108
- La crise cachée ... 109
- L'anxiété anticipatoire ... 111
- L'agoraphobie ... 112
- Spasmophilie et trouble panique ... 115

L'anxiété généralisée ... 116

Chapitre 7 – **Troubles anxieux et maladies somatiques** ... 123
L'anxiété, élément déclenchant ... 123
L'anxiété-symptôme ... 124
L'anxiété, complication de la maladie ... 125
Troubles anxieux et maladies cardio-vasculaires ... 127
- L'anxiété-cause ... 127
- L'anxiété-symptôme ... 128
- L'anxiété conséquence d'une pathologie cardiaque ... 129

Troisième partie
L'ANXIÉTÉ, ÇA SE SOIGNE

Chapitre 8 – **Se soigner, être soigné** ... 133
Se traiter seul : une illusion? ... 133
Prévenir son anxiété ... 136
- Connais-toi toi-même ... 137
- Mon « home » et les miens ... 138
- Être vigilant aux « warning » ... 138
- Rythme et règles de vie ... 139

Se décider à consulter ... 140
- Quels sont les risques de ne pas se soigner? ... 140
- Quand faut-il consulter? ... 141
- Comment aider un proche à consulter? ... 141
- Qui consulter? Le médecin de famille? ... 142
- Comment choisir son spécialiste? ... 143

Les questions que l'on se pose ... 144
- Que faire des conseils des autres? ... 144
- Je suis mieux mais pour combien de temps? ... 145
- Mes enfants seront-ils anxieux? ... 146

Chapitre 9 – **Les médicaments de l'anxiété** 149
Les médicaments en questions 150
Les tranquillisants 150
Les antidépresseurs 153
Les bêtabloquants 156
Le traitement des attaques de panique et de l'agoraphobie. 157
Le traitement des phobies 160
Le traitement du trouble obsessionnel compulsif 162
Le traitement de l'anxiété généralisée et des insomnies 162
Le traitement de l'état de stress post-traumatique 164

Chapitre 10 – **Les psychothérapies** 165
Le traitement cognitivo-comportemental du trouble panique. 167
La relaxation 172
Le contrôle des attaques panique 174
Le traitement des troubles phobiques 178
Phobies simples 178
Phobies sociales 179
Le traitement du trouble obsessionnel compulsif 181
Le traitement de l'anxiété généralisée 182

Conclusion 185

Quelques adresses utiles 187

Pour en savoir plus 190

Avant-propos

Qui n'a pas connu parmi ses proches des gens dévorés d'angoisse? Qui ne s'est pas senti un jour anxieux? Chacun sait que, stimulante dans certains contextes, l'anxiété peut aussi devenir une gêne considérable.

Dans un esprit à la fois pragmatique et scientifique, ce livre permet de discerner les formes invalidantes, d'identifier les différents troubles anxieux, et présente les stratégies les plus efficaces pour y faire face.

La première partie traite de l'anxiété « normale », la deuxième de l'anxiété pathologique, et la troisième décrit l'ensemble des modalités d'action thérapeutiques. Car l'anxiété, aujourd'hui, ça se soigne.

1

JE SUIS ANXIEUX

CHAPITRE 1

Bonjour l'angoisse!

Christophe a vingt ans. Il sait que ces Jeux Olympiques représentent sa chance de monter sur le podium. Derrière lui toute la France attend, prête à vibrer à chacune de ses foulées. L'angoisse est là, elle le tenaille. A dix minutes du départ, le cœur s'emballe, le ventre devient douloureux et la boule dans la gorge lui donne l'impression qu'il ne peut même plus avaler sa salive. Au moment de rejoindre ses starting-blocks, c'est à peine s'il entend les dernières paroles de son entraîneur. Faire le vide dans sa tête et contrôler cette émotion qui l'envahit partout : il n'y a que ça à faire avant la libération du coup de feu de départ.

Le caddie bourré de provisions, Françoise cherche une caisse sans trop de queue. Une trop longue attente serait pour elle insupportable. Depuis déjà six mois elle ressent un sentiment de malaise dans certains lieux publics avec quelques sueurs froides et l'impression qu'il faut absolument qu'elle s'en aille, ne trouvant le réconfort que chez elle. Elle pensait pourtant avoir évité l'heure d'affluence mais, à chaque caisse il y a, au moins, deux ou trois clients qui attendent. L'angoisse monte. « Ça y est, ça recommence », se dit-elle, alors que sa respiration s'accélère et qu'un étau lui serre la poitrine. Vite, il lui faut trouver une solution ou dans quelques minutes ce sera la panique avec comme seule issue la fuite chez elle.

A priori rien de commun entre ce que vivent Christophe et Françoise : les circonstances sont différentes et les enjeux ne sont pas comparables. Cependant, la langue française le désigne par le même mot : c'est de l'angoisse.

L'angoisse est une émotion normale partagée par tout le monde mais l'angoisse peut aussi devenir une maladie redoutable : la plus répandue des maladies psychiques, plus fréquente encore que la dépression. Cette double particularité de l'angoisse nous la rend familière mais parfois incompréhensible. Vieille compagne du quotidien, on croit la connaître mais elle surprend toujours.

L'angoisse est duelle. A la fois normale et pathologique, stimulante et inhibante, nécessaire et gênante, elle oscille entre deux pôles opposés.

L'angoisse prend des formes diverses. L'insomnie, les palpitations cardiaques, les bourdonnements d'oreille ou l'incapacité de faire quoi que ce soit.

L'angoisse n'est pas seulement un enjeu individuel, c'est aussi un enjeu collectif. Sur le plan économique, elle coûte tous les ans plusieurs milliards de francs à la collectivité, répartis entre la consommation médicale et les répercussions sur les capacités de travail. Sur le plan social, elle modifie les comportements des individus et des groupes. Et pourtant, qui reconnaît avoir été en arrêt de travail pour cause de maladie anxieuse? Qui pourrait imaginer que la maladie anxieuse est parfois tellement invalidante qu'elle peut reléguer des individus chez eux pendant des années? C'est que l'angoisse si familière dans la vie courante devient honteuse quand elle est pathologique. Elle est la vérole de cette fin de XXe siècle, sorte d'infamie déshonorante dont on ne peut parler, même à ses proches, de crainte de leur incompréhension et de se faire cataloguer comme fou.

En somme, dès qu'on parle d'angoisse, c'est l'angoisse!

Pas du tout. La première étape pour maîtriser l'angoisse, et s'en sortir, consiste à la reconnaître et à la comprendre. Une meilleure intelligence de son angoisse ouvre aux solutions anxiolytiques.

Anxiolytique signifie littéralement « détruire l'anxiété »; en réalité, il s'agit simplement de l'atténuer, car un minimum d'anxiété est très utile dans la vie quotidienne.

De quoi parle-t-on ?

Les idées sont rarement claires sur les différences entre angoisse, anxiété, peur et stress. Reprenons les définitions du dictionnaire Robert.

La peur. « Phénomène psychologique à caractère affectif marqué, qui accompagne la prise de conscience d'un danger réel ou imaginé, d'une menace. »

C'est donc une réaction émotionnelle face à un danger réel ou imaginaire.

L'angoisse. « (latin : *angustia,* " étroitesse, lieu resserré "). Malaise psychique et physique, né du sentiment de l'imminence d'un danger, caractérisé par une crainte diffuse pouvant aller de l'inquiétude à la panique et par des sensations pénibles de constriction épigastrique ou laryngée ».

Ce terme est souvent employé pour les manifestations physiques qui surviennent par crises.

L'anxiété. « État d'angoisse (considéré surtout dans son aspect psychique). »

Ce serait donc une disposition d'esprit permanente et cela concernerait plutôt les symptômes psychiques que physiques.

Le stress. « Réponse de l'organisme aux facteurs d'agression physiologiques et psychologiques ainsi qu'aux émotions qui nécessitent une adaptation. »

Ces définitions ne sont que partiellement éclairantes. Le distinguo entre « la prise de conscience d'un danger » et « le sentiment d'imminence d'un danger » est subtil. De plus, si l'anxiété est un état d'angoisse, sur quoi porte la différence entre ces deux termes?

Anxiété et angoisse

Le dictionnaire met en évidence deux différences principales : l'une porte sur le psychique et le physique, l'autre sur le permanent et l'occasionnel.

L'anxiété serait plus psychique et l'angoisse plus physique. Et pourtant, on dit « une angoisse existentielle » ou « une angoisse métaphysique » alors qu'il s'agit bien d'une angoisse (ou d'une anxiété) psychique. En réalité, nous verrons en détail que les dimensions physiques et psychiques de l'anxiété sont indissociables. Il s'agit d'un même phénomène dont l'expression revêt des formes psychiques et physiques qui interagissent. Toutes les tentatives qui visaient à séparer une composante purement psychique ou purement physique de l'anxiété ont abouti à une impasse. Il est donc illusoire et vain de vouloir les séparer.

En revanche, distinguer le fond anxieux permanent des phases d'anxiété transitoires est utile. Dans le premier cas, on parlera d'anxiété-trait (comme un trait de caractère), dans l'autre, d'anxiété-état (cf. chapitre 5).

La distinction entre anxiété et angoisse n'a donc pas lieu d'être retenue d'un point de vue médical. Aussi préférerons-nous employer dans ce livre le terme anxiété qui a été choisi par les médecins pour désigner l'état pathologique. Il reste que chacun utilise tantôt l'un tantôt l'autre de ces termes, lui accordant selon les circonstances une valeur particulière : pourquoi pas? Laissons cette ambiguïté s'inscrire à l'actif de la richesse de la langue française (cette distinction n'existe pas dans les langues anglo-saxonnes, *Anxiety* en anglais, *Angst* en allemand signifient à la fois anxiété et angoisse).

Anxiété et peur

En va-t-il de même pour les relations entre peur et anxiété?

A votre avis les exemples suivants correspondent-ils à de la peur ou de l'anxiété?

– L'enfant qui craint le noir.
– L'étudiant à l'approche d'un examen.
– Le cadre qui va se jeter dans le vide accroché à un élastique.
– Le passager qui redoute de monter en avion.
– Le dormeur qui rêve qu'il va mourir.

L'anxiété et la peur sont des émotions très proches. D'abord, en raison de la réaction physiologique qu'elles induisent, qui est la même : palpitations, sueurs ou frissons, tremblements, tension musculaire... Il existe une forme d'anxiété qui est très proche de la peur. Ce qu'on appelle une phobie correspond à une peur anormale et démesurée d'une situation ou d'un objet. Quelqu'un qui « a peur » des ascenseurs ou des araignées (y compris celles qui sont inoffensives) est anxieux.

Là encore, il y a un décalage entre la langue usuelle et celle des médecins. Ce que la première nomme peur, la seconde l'appelle anxiété. En revanche, les deux langues se retrouveront pour considérer qu'il s'agit d'un phénomène « anormal » puisqu'il n'y a aucune raison objective d'avoir peur de l'ascenseur au point de ne pas le prendre.

Ce critère ne suffit pas à différencier la peur de

l'anxiété, les chercheurs se sont donc demandé pendant longtemps s'il y avait vraiment une différence entre les deux : la réponse est oui.

Première différence : l'anxiété est, souvent, *une peur sans objet.* C'est une forme d'inquiétude permanente, flottante qui ne se porte sur rien de précis ou sur tout à la fois : une anxiété qui ne s'accroche à rien et que tout provoque.

Seconde différence : l'anxiété est une *peur sans issue.*

Souvenez-vous du jour où vous avez passé un examen. Avant l'épreuve, l'anxiété est à son maximum; quoi qu'on fasse elle est là, envahissante. Parfois même, elle est si forte qu'on en vient à se demander si l'on va pouvoir arriver jusqu'à la salle d'examen. Rien à faire pour s'en débarrasser ou penser à autre chose. Lorsque enfin les sujets arrivent, vous commencez à vous mettre au travail et peu à peu l'anxiété s'estompe, vous l'oubliez pour vous consacrer entièrement à votre copie. Que s'est-il passé?

Tant que vous n'aviez pas les sujets, vous étiez dans un état d'inquiétude intense et sans issue. C'est cela l'anxiété. Elle ne peut déboucher sur aucune action permettant de l'atténuer. Au moment où les sujets arrivent, vous vous consacrez complètement à une action qui la fait céder.

Imaginons maintenant que vous soyez tombé sur l'une de vos « impasses ». Le mot illustre bien la situation : pas d'issue possible, pas d'action possible (puisque vous n'avez rien à écrire), ce qui entraîne immédiatement une exacerbation de l'anxiété.

L'anxiété est donc souvent une peur sans objet et toujours une peur sans issue.

Reprenons nos exemples, les réponses sont désormais plus faciles à trouver :

– L'enfant qui a « peur du noir » est anxieux. Son anxiété concerne aussi bien la séparation d'avec ses parents que l'obscurité : c'est une peur sans objet précis et sans autre issue que d'allumer la lumière ou de garder la porte ouverte.

– L'étudiant ressent une anxiété diffuse avant son examen. Sa peur bien réelle pourrait être de le rater.

– Le cadre au bord du précipice cherche à se « faire peur », il se met volontairement dans une situation de peur pour s'obliger à la surpasser.

– Le passager qui redoute de monter en avion est anxieux, il anticipe une situation de peur (panique en cas de panne de moteur).

– Le dormeur qui rêve qu'il va mourir, a vraiment peur sur le moment, plus tard le souvenir de son rêve pourra lui laisser une impression vague d'anxiété.

Anxiété et stress

« En ce moment je suis hyperstressé, le boulot, la famille, tout bouge et je suis pressé de toute part; bref, c'est l'angoisse! »

Alors stressé ou angoissé, celui qui tient ce langage?

Probablement les deux.

Le stress correspond à la réponse que nous produisons face aux situations auxquelles nous sommes confrontés. Cette réponse peut être très variée. Un agent stressant identique pour toute une population, comme la guerre, a des conséquences diverses en fonction des individus, qui vont de la fuite au combat en passant par la résignation.

L'anxiété et le stress se situent à deux niveaux différents.

L'anxiété est une émotion. Le stress fait toujours référence à une situation dans laquelle on se trouve et qui nous oblige à nous adapter, mais il ne peut être réduit à une émotion. En revanche, le stress produit presque toujours des émotions parmi lesquelles se trouve l'anxiété, au même titre que la joie ou la tristesse.

Le meilleur et le pire

L'énergie de l'intelligence

Il est très facile de rendre anxieux des rats de laboratoire en les frustrant d'une récompense qu'ils ont été conditionnés à recevoir après une tâche apprise, ou encore en les « punissant » par un petit choc électrique (plus désagréable que franchement douloureux) alors qu'ils ne l'ont pas « mérité ». Eh bien, on a pu montrer que des rats anxieux étaient plus « intelligents » : l'anxiété, à petite dose, rend le rat plus vigilant à son environnement, il s'adapte mieux aux situations nouvelles et surtout il apprend plus vite.

Chez l'homme, des résultats analogues ont été observés. On ne nous soumet pas à des chocs électriques mais on a pu constater que nos performances physiques et intellectuelles sont améliorées par l'anxiété.

L'anxiété nous pousse en avant, nous permet d'en faire plus. C'est tellement vrai que toutes les organisations de travail (et de sport) ont institué des systèmes anxiogènes (créant de l'anxiété) pour améliorer les performances. Gilbert Trigano, le patron du Club Méditerranée, a choqué ses interlocuteurs lors d'une interview, en déclarant qu'en matière de gestion du personnel il n'a qu'un principe : stresser son personnel. En réalité, il ne lui veut aucun mal mais il fait allusion à l'aspect moteur de l'anxiété. Comme souvent, en déclarant cela, il fait référence à son propre mode de fonctionnement puisque son fils Serge dit de lui : « Gilbert est un visionnaire optimiste sur le long terme et un gestionnaire angoissé au quotidien. *L'angoisse, c'est son moteur.* »

C'est l'une des fonctions des examens, des entretiens d'évaluation annuels dans l'entreprise ou des compétitions sportives. L'anxiété démultiplie les capacités de l'étudiant, de l'athlète et du décideur.

Même le travail créatif est stimulé par l'anxiété. On connaît l'exemple de Balzac, écrivant des nuits entières pour éponger ses dettes. Il était soumis à des délais très courts et payé à la page : les conditions les plus anxiogènes. Cela ne l'a pas empêché d'écrire l'une des œuvres les plus importantes de la littérature française.

L'anxiété est donc, avant tout, une énergie nécessaire à la vie. C'est une émotion normale et nécessaire.

Une énergie à contrôler

Attention à cette énergie! Une source d'énergie représente toujours un danger potentiel. En effet, l'anxiété mal contrôlée peut devenir *une maladie.* Cette maladie est très répandue. Elle touche 15 % de la population, entraînant un handicap parfois important et coûte plusieurs milliards de francs chaque année à la société.

Plus grave encore : plusieurs études ont montré que les patients anxieux avaient un taux de mortalité supérieur à la moyenne. Une première raison est liée à la plus grande fréquence des maladies cardio-vasculaires chez les anxieux, une seconde est en rapport avec certaines complications de l'anxiété (dépression et alcoolisme notamment) qui entraînent un taux de suicide plus important que dans la population générale.

Cette anxiété normale est aussi dangereuse lorsqu'elle prend des proportions trop importantes ou qu'elle n'est plus maîtrisée. A la fois vitamine et poison, il est nécessaire de déterminer la limite qui sépare l'utile du nocif.

Ce n'est pas seulement une question de dosage, il existe différents types d'anxiété. Il faut donc apprendre à connaître sa propre anxiété, à la recadrer et à en évaluer les risques.

La diététique, qui est une science récente, a appris aux individus à différencier sur le plan qualitatif les catégories d'aliments qu'ils ont à leur disposition, puis elle leur a donné des règles pour consommer ces aliments sur le plan quantitatif. Les principes diététiques sont maintenant connus par le plus grand nombre et cela a permis une grande amélioration des modes d'alimentation dont les résultats sont visibles en santé publique.

Notre objectif est de dégager des règles de « diététique de l'anxiété ». Cette source d'énergie de notre psychisme nécessite d'être mieux connue afin d'en faire un meilleur usage.

CHAPITRE 2

Comment s'exprime l'anxiété au jour le jour?

Dans la vie quotidienne l'anxiété, nous la connaissons bien; parfois même trop bien.

Lorsqu'on demande aux vieux acteurs habitués des planches : « le trac? Est-ce que cela vous concerne encore? », tous répondent que le trac est toujours là. Ils ajoutent même que le jour où ils n'auront plus le trac, ils ne seront plus de bons acteurs, comme si cette forme particulière d'anxiété était le garant de la qualité de leur travail.

Nous sommes tous des acteurs sur le théâtre de la vie dont le trac donne du sel à l'existence, colore le noir et blanc de nos émotions.

Ce qui fait la richesse de cette émotion mais aussi sa complexité, c'est la multitude des formes qu'elle peut revêtir. Les expressions de notre langage familier sont d'ailleurs nombreuses pour la nommer.

L'adolescent a « les boules » ou bien « ça lui prend la tête »; il en est d'autres que « ça gonfle », que « ça prend aux tripes », que « ça rend vert », « complètement speed », ou encore à qui « ça noue l'estomac ».

Ces formules imagées révèlent certains des masques que peut prendre l'anxiété pour s'exprimer à travers nos corps. Il en est d'autres. Comprendre l'anxiété consiste donc, dans un premier temps, à en décrypter les modes d'expression. L'étape suivante est de déterminer le type d'anxiété dont il s'agit et enfin de s'interroger sur son caractère normal ou pathologique.

Angoissés mais célèbres

Les anxieux célèbres sont mal connus. Lorsqu'on en retrouve des descriptions, ils ne sont pas, le plus souvent, catalogués comme victimes de troubles anxieux car la reconnaissance de la maladie anxieuse comme pathologie à part entière est récente. Ainsi, s'il est de notoriété publique que Jules César était épileptique on sait moins que Napoléon était, au sens clinique du mot, phobique : il avait la phobie des chats.

Voici deux exemples historiques et quelques pistes à propos de contemporains.

Le compositeur « paniqueur »

« De brusques congestions, une inexprimable angoisse, des manques de souffle, de soudaines pertes de conscience se succédaient rapidement, pourtant moins maintenant que les jours passés. » C'est en 1833 que Schumann, âgé de vingt-trois ans, écrit ces lignes dans une lettre à sa mère lui expliquant que cet état lui a fait craindre de devenir fou et l'a empêché de répondre plus tôt à son dernier courrier. Dix ans plus tard, un médecin l'examine à Dresde et note : « Dès qu'il se livrait à un travail intellectuel apparaissaient des tremblements, une lassitude et un froid des membres inférieurs, un état d'angoisse accompagné d'une peur caractéristique de la mort qui se manifestait par la peur des hautes montagnes et des habitations élevées, de tous les objets métalliques (même les clés)... Il souffrait de fréquentes insomnies et se trouvait le plus mal aux premières heures du jour. »

Pour ce qu'on en sait à travers ces deux extraits, Schumann présentait un trouble anxieux tout à fait typique. Ce qu'il décrit lui-même ressemble fort à une attaque de panique, c'est-à-dire une anxiété caractérisée principalement par son intensité et son caractère aigu. Banal : cinq millions de Français en ont déjà eu ou en auront une au cours de leur vie. Cependant, non traité, ce type de trouble peut évoluer vers des phobies (anxiété déclenchée par certaines situations ou certains objets); c'est ce que l'on retrouve dans la description du médecin qui signale une peur de l'altitude ou des objets métalliques. Là encore, il s'agit d'une pathologie très courante puisque 13 % de la population décrit au moins une réaction phobique. Et pourtant, cette pathologie courante n'en est pas moins parfois très invalidante. L'angoisse de Schumann était bien une vraie maladie (qui s'incrivait probablement dans un ensemble pathologique complexe), une maladie si grave qu'elle l'empêcha de composer à la fin de sa vie.

L'enfance angoissée de l'écrivain

On dispose, à propos de Gide, de beaucoup de documents décrivant sa propre angoisse, soit à travers son ouvrage autobiographique *Si le grain ne meurt,* soit par le récit de sa jeunesse écrit par l'un des plus grands psychiatres français, Jean Delay.

Je devais avoir onze ans. La scène de nouveau se passa à table (...) Que s'était-il passé? Rien, peut-être... Alors pourquoi tout à coup me décomposai-je et, tombant entre les bras de maman, sanglotant, convulsé, sentis-je à nouveau cette angoisse inexprimable, la même exactement que lors de la mort de mon petit cousin. On eût dit que brusquement s'ouvrait l'écluse particulière de je ne sais quelle commune mer intérieure inconnue dont le flot s'engouffrait démesurément dans mon cœur; (...) je répétais avec désespoir : « Je ne suis pas pareil aux autres! ».

Avec d'autres mots, Gide décrit, lui aussi, une attaque de panique typique avec une angoisse si forte, si envahissante et brutale qu'il s'écroule convulsé dans les bras de sa mère, sentant le flux d'émotion submerger son cœur : le cœur est un organe cible privilégié de l'anxiété.

Un an plus tard, son anxiété prend une autre forme, voici comment Jean Delay la raconte : « André conçut à l'idée de ce changement de domicile une appréhension. Il ne pouvait pénétrer dans le nouvel appartement sans angoisse. Pour neutraliser son sentiment d'insécurité, il avait découvert, m'a-t-il dit, “ un truc ”. Il donnait avant d'entrer “ trois petits coups dans la porte ” ou répétait “ trois fois ” des formules vides de signification, mais toujours les mêmes. Il se sentait aussitôt rassuré mais par la suite fut “ obligé ” pendant plusieurs mois de renouveler systématiquement le rite. »

Ce sont là, d'après Jean Delay, des symptômes clairs des « tendances obsessionnelles » d'André Gide. Ce mode d'expression de l'anxiété est très classique chez les enfants. Il s'agit d'un rituel auquel on accorde une valeur conjuratoire parfois magique. Gide aura ensuite d'autres tendances obsessionnelles qui seront surtout marquées par une indécision presque invalidante et une parcimonie parfois aux limites de la pingrerie. Cela ne l'a pas empêché d'écrire, mais il est faux de croire qu'il lui fallait être anxieux pour travailler. Au contraire, comme nous allons le voir, l'anxiété est généralement inhibitrice, c'est-à-dire qu'elle a plutôt tendance à nous freiner dans nos projets.

Caprices de star

Revenons à des exemples plus contemporains.

Souvenez-vous : cela se passe outre-Atlantique, à New York, 5e avenue; plusieurs caméras de télévision font le siège de l'immeuble dans lequel vit Michael Jackson. Depuis plusieurs mois la star n'est pas apparue en public et les rumeurs les plus diverses courent sur son état de santé, qui serait à l'origine de ce long silence. De fait, quand enfin il apparaît, c'est le visage aux trois quarts recouvert d'un masque de chirurgien et les mains gantées malgré la chaleur. Il refuse de toucher directement tout ce qui lui est étranger et même de respirer un « air extérieur » sans la protection d'un masque.

L'hypothèse court alors qu'il est nosophobique (c'est-à-dire atteint d'un trouble anxieux lié à la peur des maladies) : cela est vraisemblable. Ce qu'on peut affirmer, c'est que s'il l'était il ne se conduirait pas autrement. Le fait qu'il ait repris une carrière magnifique depuis n'enlève rien à cette hypothèse : cette maladie se soigne très bien.

En France aussi, les exemples sont nombreux pour qui veut bien les voir. Vous constaterez vous-même après avoir lu ce livre, que tel journaliste possède un goût prononcé pour la méticulosité, la perfection et l'ordre qui évoque un trouble obsessionnel, que tel membre de votre entourage évite systématiquement certains lieux publics comme les grands magasins ou les gares au point de laisser supposer qu'il s'agit d'une agoraphobie, et que vous-même vous avez pu dissimuler un trouble anxieux derrière certains comportements.

L'anxiété aux mille visages

Interrogeons nos têtes et nos corps et examinons nos attitudes.

Aucune partie du corps n'est épargnée par l'anxiété : du cœur aux cheveux, du plus enfoui au plus visible, du plus tangible au plus immatériel, rien n'est hors d'atteinte.

Les « manières d'être » anxieux sont plus stéréotypées et faciles à repérer et nous donnerons les clés pour les identifier.

Le diable au corps

Quand Claire ressent « la » douleur pour la première fois, elle est au volant de sa voiture en train de traverser un pont. La douleur est violente, un coup de poignard dans la poitrine, si fort qu'elle évite de justesse la voiture devant elle et doit s'arrêter sur le bas-côté. Pendant quelques minutes l'impression de suffoquer, de manquer d'air est à son maximum, puis les choses s'améliorent progressivement. Encore quelques minutes et elle peut repartir... pour regagner au plus vite les urgences de cardiologie. Elle a bien cru qu'elle allait y passer!

Elle a été immédiatement hospitalisée en cardiologie, où on lui a « tout fait ». Toutes les explorations sont revenues normales et, en s'excusant presque de n'avoir rien trouvé, les médecins ont fait l'hypothèse d'une angine de poitrine instable qui surviendrait spontanément sans laisser de trace.

C'est au moment où elle sortait de l'hôpital qu'une nouvelle crise est survenue. Cette fois tout le matériel était sur place et on a pu l'examiner au bon moment : rien.

Claire a alors senti les regards gênés, voire soupçonneux, des médecins. Comme si elle faisait cela pour les faire marcher!

L'histoire de Claire n'est pas exceptionnelle. Elle a ce que l'on pourrait appeler une *anxiété « Canada Dry »*, une anxiété qui a la forme d'une maladie somatique et toutes ses caractéristiques mais qui n'en est pas une.

Suivant les individus, elle a ses zones de prédilection :

– la sphère abdominale avec parfois des tableaux d'urgence chirurgicale de type appendicite ou encore des diarrhées, des difficultés digestives, etc.,

– l'appareil neurologique, avec des tremblements, des bourdonnements d'oreille, des vertiges, etc.,

– la dermatologie, avec des prurits, des eczémas, des alopécies (perte de cheveux), etc.

Arrêtons là cette liste, elle n'est pas limitative et quand bien même on aurait fait une encyclopédie des modes d'expression de l'anxiété, il faudrait constamment la remettre à jour. L'anxiété prend des formes variables en fonction des sociétés et des époques. Autrefois, les médecins rencontraient fréquemment des grandes crises de nerfs très spectaculaires et théâtrales (il existe une toile célèbre du siècle dernier montrant Charcot qui fait un cours sur l'hystérie en présence d'une patiente); cette forme d'expression a quasiment disparu de nos jours. En revanche, ce qui est « à la mode », en France, c'est la spasmophilie. Alors que cette pathologie n'existe nulle part ailleurs dans le monde, certains chercheurs français se sont longtemps acharnés à prouver qu'il s'agissait d'un déficit en sels minéraux (magnésium, calcium,...). Tous les scientifiques s'accordent maintenant à considérer que *la spasmophilie est, en réalité, un trouble anxieux.*

L'expression corporelle de l'anxiété n'est pas toujours masquée derrière une apparence de maladie somatique. On connaît bien, lors des phases anxieuses, ce que les médecins appellent les *signes neurovégétatifs :* transpirations ou mains moites, sécheresse de la bouche, difficultés pour avaler ou « boule dans la gorge », envies d'uriner fréquentes, palpitations, etc.

Ça me prend la tête

L'expression est bonne! L'anxiété s'empare de nos têtes et s'accroche à nos pensées comme en terrain conquis. Tenace, elle prend la forme de préoccupations permanentes. Si ces préoccupations concernent le passé, on parle de ruminations, et si elles portent sur le futur, il s'agit d'anticipations. En général, les ruminations renforcent l'anticipation du danger à venir.

Pierre est sorti de sa réunion avec un goût de cendre dans la bouche. Son chef a fait unc remarque qui a provoqué l'hilarité de l'ensemble de l'assistance à ses dépens. Ce n'est pas la qualité de son travail qui est en cause mais sa manière de le présenter : il ne peut pas s'empêcher de trembler et de bafouiller. Rentré chez lui de très mauvaise humeur, il a refusé de s'intéresser aux devoirs de son fils prétextant qu'il avait trop à faire. Seul dans son bureau, il ressasse sa réunion se repassant dix fois le film des événements en s'enfonçant un peu plus à chaque fois. Le soir dans son lit, il se retourne sans trouver le sommeil. Le pire, c'est quand il pense à sa réunion de la semaine prochaine où il va devoir intervenir devant l'ensemble des cadres de direction en présence du directeur général. Cette simple évocation lui donne des sueurs et des palpitations.

Les préoccupations anxieuses entraînent des difficultés de concentration et des insomnies. L'interprétation du passé, vécu comme un danger, et la perspective d'un futur, imaginé comme encore pire, se renforcent l'une l'autre. Les pensées fonctionnent en circuit fermé à la recherche d'une solution apparemment introuvable.

Vis-à-vis de l'entourage, cette situation a deux conséquences. D'une part, on est tourné vers soi-même et donc moins réceptif. D'autre part, on a tendance à occulter les ouvertures ou à les interpréter comme des dangers. C'est ainsi que l'on devient irritable ou agressif avec les autres. Le seuil de tolérance aux contrariétés baisse. On devient une sorte d'écorché vif psychique, comme s'il n'y avait plus de barrière entre les stimuli extérieurs et les répercussions émotionnelles qu'ils déclenchent. Garder une distance entre ce que l'on vit et ce que l'on ressent devient difficile et, le plus souvent, nous perdons la forme la plus efficace de distanciation : l'humour.

Ce qui domine, alors, c'est l'impression générale d'être submergé. Là encore, les expressions courantes décrivent bien la situation :

– de petits riens on se fait des montagnes,
– on se noie dans un verre d'eau.

L'anxiété psychique est donc caractérisée par le fonctionnement en circuit fermé des pensées sous forme de préoccupations ou d'obsessions et par l'incapacité à relativiser les stimuli de l'environnement qui prennent des proportions démesurées.

Il est évident que cet état rend plus vulnérable et plus désagréable avec ses proches.

Les « manières d'être » anxieux

L'anxiété, qui est présente dans le corps et dans la tête, l'est aussi dans nos faits et gestes. Nous avons tous une « manière d'être » anxieux, un comportement spécifique observable par notre entourage.

Quatre hommes sont en bateau. Aucun ne tombe à l'eau mais une tempête arrive. Le premier s'abrite dans la cabine et ne veut rien savoir; le second voudrait bien faire quelque chose mais se sent bloqué et n'arrive à rien; le troisième passe tout son temps à vérifier qu'il est bien habillé contre la pluie et contrôle sans fin les fermetures de son ciré; et le quatrième s'agite dans tous les sens, courant de la proue à la poupe en essayant de tout faire à la fois.

Une même situation anxiogène : quatre comportements.

Les comportements, à l'inverse des symptômes, ne sont pas ressentis par le sujet mais observables par un tiers. Ils sont plus ou moins marqués selon les circonstances. C'est pourquoi ils sont fréquemment mis sur le compte du caractère ou de la personnalité. Quatre types de comportement sont classiquement observés dans les troubles anxieux : les évitements, les inhibitions, les rituels et l'hyperactivité.

Reprenons nos quatre hommes :

- Le premier évite.
- Le second se sent bloqué.
- Le troisième vérifie.
- Le quatrième s'active.

Les évitements

Ce sont toutes les stratégies développées pour ne pas se trouver face à une situation anxiogène. Dans le cas présent, à défaut d'éviter la tempête elle-même, notre homme évite de s'y confronter en restant dans sa cabine. A l'avenir, il évitera de voyager en bateau. On dit que J.-P. Mocky évite systématiquement l'avion au point de choisir ses lieux de tournage en fonction des moyens d'accès terrestres. C'est ainsi que certains évitent les ascenseurs, d'autres le métro ou les grands magasins, d'autres l'altitude, d'autres les chiens, etc.

Les inhibitions

Elles se produisent dans les situations où l'on se sent empêché, entravé, bloqué, incapable d'avoir une activité qu'elle soit intellectuelle ou physique. Une chanson d'Annie Cordy appuyait son effet comique sur le comportement d'inhibition : « J'voudrais bien mais j'peux point... » L'inhibition peut être physique (on se sent incapable de fournir un quelconque effort physique), psychique (ce sont les efforts intellectuels qui apparaissent impossibles) ou sociale (dans les situations où l'on se sent paralysé pour parler ou rencontrer d'autres personnes). Bien souvent ce qu'on appelle « la flemme » relève plus d'une inhibition que de la paresse.

Les rituels

Ce sont des actions répétées qui calment l'anxiété momentanément. Le plus souvent celui qui les exécute les trouve absurdes, mais il ne peut s'en empêcher (l'absurde est parfois poussé à l'extrême puisqu'il y a des anxieux qui rallument la lumière pour vérifier qu'elle est bien éteinte). Il existe des rituels de vérification (par exemple que la porte est bien fermée), des rituels de nettoyage, de rangement, etc. Les rituels sont fréquents avant les épreuves. Les sportifs ont ainsi souvent des « manies ». Henri Leconte à la veille d'un grand match range chemises, raquettes et bandages selon un ordre précis préétabli. Les rituels ont souvent une signification magique ou conjuratoire pour celui qui les exécute. « Si je fais telle ou telle chose, cela me portera chance. »

L'hyperactivité

L'anxiété est une peur sans issue : l'activisme peut avoir l'apparence d'une issue possible. Nous avons tous en tête les séquences de films burlesques américains où les héros sont placés dans des situations qui les obligent à courir d'un endroit à l'autre pour éviter des catastrophes. Ils rattrapent *in extremis* le pot de peinture que le chat vient de bousculer, sauvent d'une main le bébé penché à la fenêtre du 28e étage, récupèrent de l'autre la porcelaine de Chine à deux doigts du sol, ferment du pied la porte par laquelle va entrer « le méchant », etc. L'effet comique tient au caractère invraisemblable de réussir tant d'interventions si rapidement. Quiconque voudrait en faire autant dans la vie sauverait peut-être sa moquette de la tache de peinture, mais au risque de laisser les autres catastrophes arriver.

L'hyperactivité n'est alors qu'une forme d'agitation stérile qui aggrave la situation au lieu de l'améliorer. Ce type de comportement est une fausse issue, une illusion d'issue à l'anxiété car elle ne se concrétise pas par une solution.

C'est pourquoi il est important de ne pas confondre l'hyperactivité anxieuse avec la mise en place de plans d'action qui peuvent être de véritables issues aux situations anxieuses.

Ces quatre « manières d'être » face à l'anxiété sont autant de modifications de comportement dysfonctionnelles. Elles peuvent, en effet, s'inscrire à terme dans des handicaps importants. Les évitements, s'ils vont en s'aggravant, conduisent à l'incapacité de sortir. On conçoit aisément les problèmes engendrés par les inhibitions. Les rituels représentent des heures perdues à ranger, vérifier ou laver les mêmes choses. L'hyperactivité, enfin, est aussi fatigante qu'inefficace.

L'enfer pour les autres

Il faut bien reconnaître que, jusqu'à présent, nous nous sommes principalement centrés sur l'individu anxieux. C'est normal : l'auto-préoccupation est une des caractéristiques des anxieux. Il est temps de penser à l'entourage.

L'entourage est en première ligne, il encaisse, en direct, le contrecoup de notre état. Pour lui, notre anxiété se manifeste de trois façons.

L'égocentrique inattentif

Souvenez-vous de Pierre. Rentré du bureau préoccupé et anxieux, il refuse d'aider son fils à faire ses devoirs. Au cours du dîner, plongé dans ses pensées, il doit faire répéter trois fois à sa femme ce qu'elle dit avant de réaliser de quoi elle parle. Il n'a même pas remarqué qu'elle s'était fait couper les cheveux!

Lorsqu'on est anxieux, on a tendance à n'être préoccupé que par soi-même, à être moins présent, replié et, en plus, à se plaindre.

L'écorché irritable

Alors que son épouse apporte le dessert, leur enfant, par maladresse, renverse son verre; le sang de Pierre ne fait qu'un tour. Il donne à son fils une paire de claques retentissantes. Cette fois c'est trop, la femme de Pierre veut bien accepter qu'il soit tendu mais qu'il s'en prenne aux enfants...

Drame habituel de la vie quotidienne lié à une réaction impulsive que Pierre regrettera au moment même où son geste lui échappera.

Irritabilité, colère, impulsivité, perte du contrôle, difficulté à maîtriser nos réactions : anxieux nous sommes des écorchés que le moindre contact rend réactifs, voire violents. Nos réactions, dans ces situations, sont immédiates et vont souvent bien au-delà de ce que l'on souhaiterait.

L'inhibé assisté

Jean a ce qu'on appelle une forte personnalité. Toujours prêt à donner son avis haut et fort, son contact est empreint d'un autoritarisme chaleureux. Dans sa famille, Jean a établi un certain nombre de règles que ni sa femme ni aucun de ses quatre enfants ne remettent en cause. C'est après que sa femme s'est cassé la jambe que les problèmes sont apparus. Il a repoussé le plus longtemps possible le moment de faire les courses en s'abritant derrière des prétextes professionnels mais, cette fois, le frigo est complètement vide. Lui seul sait qu'il ne supporte pas les grandes surfaces où il ressent une angoisse violente avec des palpitations qui le font paniquer et c'est pour cette raison qu'il a décrété un jour que ce n'était pas à lui de faire les courses. Lui seul sait aussi qu'il ressent cette même impression au cinéma; ce qui lui a fait dire, à la surprise de tous, que le cinéma était devenu très mauvais et qu'il ne remettrait plus les pieds dans une salle. Toutes ces difficultés, il les a soigneusement dissimulées derrière son autoritarisme bourru. L'idée d'être obligé d'y faire face le terrorise. En désespoir de cause, il téléphone à une belle-sœur, lui demandant de lui rendre ce service. Ouf! Sauvé... jusqu'au prochain ravitaillement.

Notre baisse d'autonomie lors des périodes anxieuses est constante. Elle est plus ou moins marquée mais, qu'elle soit réduite à la simple difficulté de prendre un transport en commun ou qu'elle aille jusqu'à l'impossibilité de sortir de chez soi, elle concerne toujours l'entourage. Il arrive que les proches soient parfaitement au courant du handicap lié à l'anxiété et qu'ils se plient de bonne grâce aux contraintes supplémentaires qu'il engendre pour eux-mêmes (ce qui n'est pas toujours bon pour l'évolution du trouble anxieux). Cependant, que l'on vive avec un égocentrique inattentif, un écorché irritable ou un inhibé assisté, on fait toujours les « frais » de l'anxiété de ses proches.

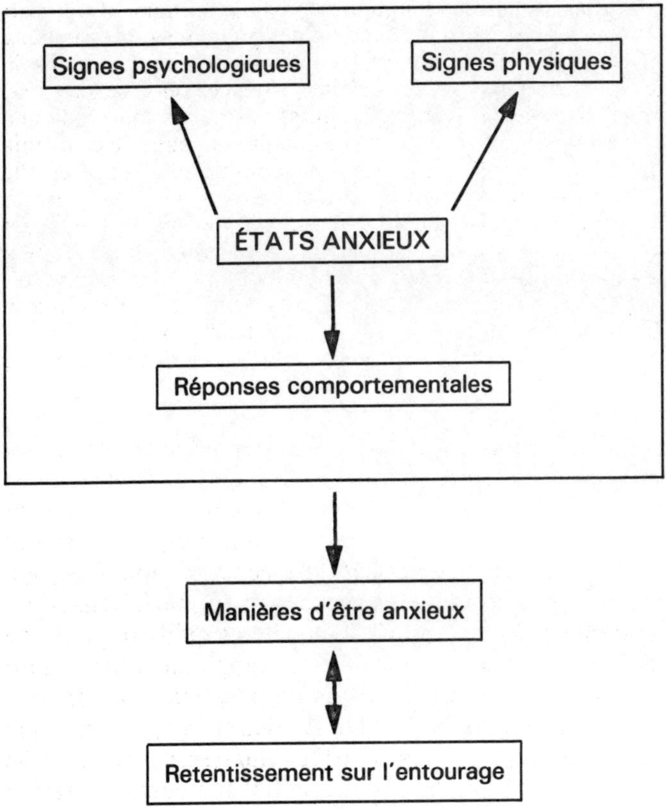
Signes psychologiques
Signes physiques
ÉTATS ANXIEUX
Réponses comportementales
Manières d'être anxieux
Retentissement sur l'entourage

CHAPITRE 3

Prendre la mesure de son anxiété

L'anxiété dans son contexte

Ça n'arrive pas par hasard! C'est souvent la réflexion que nous nous faisons face à notre propre anxiété (ou bien que quelqu'un se charge de faire à notre place). Si cette réflexion, dans la bouche d'un tiers, peut avoir une connotation malveillante, elle n'est pas dénuée de bon sens. L'anxiété survient généralement dans un contexte particulier et n'est pas le fait du hasard.

Quelle est la part de l'environnement, du stress sur notre niveau d'anxiété? Il faut distinguer deux catégories de stress, une partie événementielle qui est porteuse de changement et une partie plus constante de répétition de stress quotidiens.

Les événements de vie

« Marie a “ tout pour elle ”. Sortie en juin d'une grande école de commerce, elle a épousé un jeune diplomate en septembre et ils sont partis vivre à Bangkok où elle a trouvé un poste dans une entreprise de luxe. En décembre, l'euphorie est retombée. La vie de couple est plus difficile qu'elle ne le croyait, surtout loin de sa famille, et à son travail elle se sent sous-employée. Marie commence à avoir des difficultés pour s'endormir, puis elle devient irritable et se met à ne plus supporter les autochtones enfin, elle reste confinée chez elle, toute sortie la rendant trop nerveuse. »

En *score d'événements de vie* Marie est à 208. Qu'est-ce que le score d'événements de vie?

ÉCHELLE D'ÉVALUATION DES ÉVÉNEMENTS DE VIE
(d'après Holmes et Rahé)

Événement	Score
– Décès du conjoint	100
– Divorce	73
– Séparation	65
– Séjour en prison	63
– Décès d'un parent proche	63
– Maladie ou blessure personnelles	53
– Mariage	50
– Perte d'emploi	47
– Réconciliation avec le conjoint	45
– Retraite	45
– Modification de l'état de santé d'un membre de la famille	44
– Grossesse	40
– Difficultés sexuelles	39
– Adjonction d'un nouveau membre à la famille	39
– Réaménagements dans la vie professionnelle	39
– Modification de la situation financière	38
– Mort d'un ami proche	37
– Changement de carrière	36

- Modification du nombre de discussions avec le conjoint 35
- Hypothèque supérieure à un an de salaire 31
- Saisie d'hypothèque ou de prêt 30
- Modification des responsabilités professionnelles 29
- Départ d'un des enfants 29
- Problèmes avec les beaux-parents 29
- Succès personnels éclatants 28
- Début ou fin d'emploi du conjoint 26
- Première ou dernière année d'étude 26
- Modification des conditions de vie 25
- Révision des habitudes personnelles 24
- Démêlé avec son patron 23
- Modification des heures et conditions de travail 20
- Changement de domicile 20
- Changement d'école 20
- Changement de passe-temps 19
- Modification des activités religieuses 19
- Modification des activités sociales 18
- Hypothèque ou prêt à un an de salaire 17
- Modification des habitudes de sommeil 16
- Modification du nombre de réunions familiales 15
- Modification des habitudes alimentaires 15
- Vacances 13
- Noël 12
- Infractions mineures à la loi 11

Les magazines nous proposent souvent de tester notre stress en nous présentant une liste comme celle-ci avec des scores dont le total est censé nous donner une idée de notre stress. Qu'en est-il exactement?

Les événements de vie constituent l'un des éléments du contexte à évaluer.

Tous les événements de vie, qu'ils soient gais ou tristes (par ex. mariage ou perte d'emploi) sont à repérer. Leur importance est liée au *changement* qu'ils entraînent, soit matériel comme un déménagement, soit affectif et relationnel comme la perte d'un proche. Les événements de vie sont porteurs de nouveautés qu'il faut assimiler.

Pour établir une cotation de chaque événement, on a demandé à un échantillon représentatif de la population de chiffrer de 0 à 100 l'importance du changement induit par chacun d'eux en fixant arbitrairement le mariage à 50. Le chiffre qui figure correspond donc à la moyenne des notes attribuées par l'échantillon.

Le score que vous obtenez en additionnant les notes de tous les événements que vous avez vécus dans l'année écoulée correspondrait à la quantité de stress auquel vous êtes soumis et serait un reflet du risque de tomber malade. Ce n'est ni tout à fait vrai ni tout à fait faux. La réalité est plus complexe.

Ce qui est vrai, c'est que statistiquement les individus qui ont une note élevée présentent plus de maladies qu'une population témoin mais cela ne veut pas dire pour autant qu'il y a une relation de cause à effet entre les deux. Ainsi, rien ne nous permet de dire que, vous personnellement, vous risquez de tomber malade parce que vous avez une note élevée. D'autant que la notion de note élevée est floue. Il faut déterminer une limite. Certains l'ont mise à 150, d'autres à 200, d'autres enfin au-delà de 300 .

L'autre difficulté posée par ce type d'échelle est de

fixer l'intervalle de temps à l'intérieur duquel on comptabilise les événements. Cet intervalle est fixé arbitrairement à trois mois, six mois, un an ou deux ans.

Lorsque cette méthode est apparue, l'une des critiques les plus souvent formulées était liée à son manque de sensibilité. Rahé, l'un des créateurs de la méthode, proposa alors d'adjoindre à l'échelle de base une autre échelle sur laquelle chacun donne une note pour chaque événement. Il s'agit de constituer sa propre échelle d'événements de vie. Cette échelle n'a de valeur que pour soi-même, pour se faire une idée plus précise du contexte dans lequel on vit.

Une échelle sur mesure

La mort d'un chien, pour une personne âgée vivant seule, peut être un des événements les plus porteurs de changement. A l'inverse, un mariage survenant après une longue cohabitation n'est pas porteur de beaucoup de changement. Le mieux est que chacun fasse pour soi ce que les statisticiens ont fait pour l'ensemble de la population. Mettez une note de 0 à 100 en face de chacun des événements de la liste des pages suivantes, puis ajoutez les événements qui seraient porteurs de changement pour vous s'ils se produisaient et qui ne figurent pas sur la liste.

Vous avez constitué votre propre échelle d'événements de vie qui n'est valable que pour vous. Elle vous permet d'avoir une idée chiffrée des changements auxquels vous êtes confronté et surtout d'avoir un élément de comparaison au cours du temps.

Photocopiez-la et gardez-en des exemplaires « en blanc ». Vous pouvez l'utiliser aussi souvent que vous voulez pour apprécier par une note globale les changements auxquels vous êtes obligé de vous adapter.

ÉCHELLE INDIVIDUELLE D'ÉVALUATION DES ÉVÉNEMENTS DE VIE

(d'après Holmes et Rahé)

- Décès du conjoint ....
- Divorce ....
- Séparation ....
- Séjour en prison ....
- Décès d'un parent proche ....
- Maladie ou blessure personnelles ....
- Mariage ....
- Perte d'emploi ....
- Réconciliation avec le conjoint ....
- Retraite ....
- Modification de l'état de santé d'un membre de la famille ....
- Grossesse ....
- Difficultés sexuelles ....
- Adjonction d'un nouveau membre à la famille ....
- Réaménagements dans la vie professionnelle ....
- Modification de la situation financière ....
- Mort d'un ami proche ....
- Changement de carrière ....
- Modification du nombre de discussions avec le conjoint ....
- Hypothèque supérieure à un an de salaire ....
- Saisie d'hypothèque ou de prêt ....
- Modification des responsabilités professionnelles..........
- Départ d'un des enfants ....

– Problèmes avec les beaux-parents................................
– Succès personnels éclatants..
– Début ou fin d'emploi du conjoint..................................
– Première ou dernière année d'étude..............................
– Modification des conditions de vie ....
– Révision des habitudes personnelles.............................
– Démêlé avec son patron ....
– Modification des heures et conditions de travail.........
– Changement de domicile..
– Changement d'école...
– Changement de passe-temps ....
– Modification des activités religieuses ....
– Modification des activités sociales................................
– Hypothèque ou prêt à un an de salaire ....
– Modification des habitudes de sommeil ....
– Modification du nombre de réunions familiales ....
– Modification des habitudes alimentaires......................
– Vacances...
– Noël ....
– Infractions mineures à la loi ....
– autres ....
– ....

Le contexte ne se limite pas aux changements. Notre quotidien est plus rythmé par une routine que par des événements de vie. Le slogan des années 1968 « Métro, Boulot, Dodo » fustigeait cette routine toujours identique à elle-même et vide à force de se répéter. Cet environnement quotidien est plus ou moins satisfaisant ou frustrant en fonction des aspirations profondes de chacun.

Le différentiel satisfaction/aspiration

Christine a trente-neuf ans. Elle ne sait pas très bien pourquoi elle vient consulter sinon qu'elle se sent mal dans sa peau et ce depuis très longtemps. A mesure qu'elle raconte sa vie, elle donne l'impression d'un grand désenchantement. « A vingt-trois ans, j'étais jolie, j'avais tout pour plaire. Eh bien! j'ai épousé un homme avec lequel je savais que je ne m'entendrai pas, simplement parce que j'étais flattée qu'il me demande en mariage. Après, j'ai eu une liaison avec un homme que j'aimais mais c'était du temps perdu car je n'ai pas eu le courage de divorcer pour l'épouser. Au plan professionnel j'ai végété pendant huit ans dans une boîte où je savais que je n'aurais aucun avancement mais qui m'offrait des conditions confortables. De toute façon, je subis la vie telle qu'elle se présente, toujours la même, etc. »

Il n'est pas nécessaire d'être grand psychologue pour déceler une connotation dépressive dans ce discours mais plus qu'une vraie dépression, c'est une distance entre ses aspirations et son vécu quotidien (ou l'idée qu'elle s'en fait) qui domine.

C'est cette distance qu'il est utile d'évaluer aussi précisément que possible. A l'inverse du changement, il s'agit là de mesurer une impression générale sur un quotidien routinier qui aurait plutôt tendance à être un facteur de résistance au changement.

TABLEAU D'ÉVALUATION DU DIFFÉRENTIEL ASPIRATION/SATISFACTION

	ASPI-RATIONS cotez de 1 à 100	SATIS-FACTIONS cotez de 1 à 100	DIFFÉRENCE entre aspiration et satisfaction
Professionnel			
Salaire			
Intérêt			
Gratifications			
Relations humaines			
Perspectives de carrière			
Familial			
Relation conjugale			
Sexualité			
Relation filiale			
Relation parentale			
Autres relations familiales... (fraternelles, belle-famille)			
Loisirs			
Temps disponible			
Qualité de détente			
Plaisir			
Capacité financière			
Rencontres			
Relation amicale			
TOTAL			

L'échelle des événements de vie et le différentiel satisfaction/aspiration sont les deux composantes qui permettent d'établir un « score contextuel ».

Il est toujours arbitraire de fixer des limites à partir

desquelles on peut définir un seuil critique. Cependant, à *titre d'exemple,* on peut donner des chiffres repères, en insistant sur le fait que plus que des moyennes générales c'est l'évolution de ces chiffres chez un même individu qui est importante :

– Si votre score d'événements de vie, au cours des six derniers mois, dépasse 200, l'effort à fournir pour s'adapter est tel qu'il peut exister un risque lié à cette nécessité d'adaptation.

– Si l'écart entre les aspirations et la réalité dépasse 300 l'insatisfaction quotidienne est une composante du contexte dont il faudra tenir compte dans la recherche de solutions.

L'intérêt de situer le contexte est, évidemment, lié au fait qu'il varie en fonction du temps. Ces échelles avec leurs scores permettent surtout d'avoir des éléments de comparaison à quelques mois d'intervalle et de faire des bilans, en ayant comme élément de comparaison un *support moins subjectif que sa simple mémoire.*

Il est parfaitement normal de se sentir plus anxieux à un moment où l'on est confronté à plus d'événements de vie ou lorsque le différentiel aspirations/satisfactions est plus marqué, encore faut-il disposer d'un instrument de mesure de ce contexte pour pouvoir en tenir compte efficacement lors de la recherche de solutions.

Peut-on mesurer son anxiété ?

Maintenant que les modes d'expression de l'anxiété sont clairement définis et que l'on a apprécié certains éléments contextuels, il faut en mesurer l'intensité.

On peut simplement coter sur une échelle de 0 à 10 son impression globale d'anxiété. C'est un moyen très souvent utilisé au cours des traitements pour suivre

ÉCHELLE D'INTENSITÉ DE L'ANXIÉTÉ

date :

(Cotez chaque item de 0 à 4)	– 0 – inexistant	– 1 – faible	– 2 – moyen	– 3 – beaucoup	– 4 – énorme	
Symptômes physiques						
fatigue						
transpiration						
mains moites						
bouche sèche						
difficultés pour avaler						
« boule dans la gorge »						
envies fréquentes d'uriner						
palpitations						
impression d'être oppressé						
tremblements						
diarrhées						
douleurs						
Symptômes psychiques						
ruminations						
préoccupations						
difficultés de concentration						
pensées obsédantes						
inquiétudes pour de « petits riens »						
irritabilité						
impression de tension						
insomnies						
impatience						
Comportement						
éviter des lieux ou situations						
se sentir bloqué, inhibé						
rituels (de vérification, de lavage, de rangement...)						
activisme désordonné						
colères						
TOTAL	+	+	+	+	=	

l'évolution. Cependant, si l'on veut être un peu plus précis, on peut différencier les modes d'expression de l'anxiété (corporel, psychique et comportemental) à travers le test page précédente.

Que signifie le score obtenu? Ce type d'échelle est beaucoup plus utile en tant que témoin par rapport à soi-même, pour suivre sa propre évolution dans le temps, que pour se situer par rapport aux autres. Comme nous le verrons, la normalité de l'émotion anxieuse n'est pas un but en soi. Ce qui est essentiel, c'est l'importance de la souffrance du sujet anxieux afin de déterminer l'opportunité d'un traitement.

Ce questionnaire est un autoquestionnaire. Les médecins disposent de nombreux hétéroquestionnaires qui sont des échelles validées qu'ils remplissent eux-mêmes en fonction de l'entretien clinique. En fait, ces échelles sont plus utiles pour la recherche qu'en pratique courante.

CHAPITRE 4

L'anxiété, est-ce bien normal ?

Tout paraît désormais assez simple. Il suffit de préciser les modes d'expression de l'anxiété dans toutes ses dimensions, de définir le contexte qui permet de comprendre dans quelles circonstances elle survient, et d'en coter l'intensité.

Pas si simple, en réalité. En effet, il arrive assez souvent que l'anxiété ne soit pas reconnue. Y compris par le corps médical. Des études aux États-Unis ont montré que certaines catégories d'anxiété sont particulièrement difficiles à diagnostiquer même pour les médecins.

C'est qu'il y a des leurres qui induisent en erreur. Il en existe deux principaux. Le premier se cache derrière l'adage « dans la vie, faut pas s'en faire », le second se dissimule derrière les symptômes physiques.

« Dans la vie faut pas s'en faire »

Une variante de cette formule pourrait être : « c'est pas grave, ça va passer ». On fait alors appel au contexte pour expliquer la situation présente.

– C'est de la faute à... (mon boulot, ma femme, mon chef...).

– Il me manque simplement... (du sport, des vacances...).

– Je suis juste dans une période un peu difficile.

On a vu qu'il était essentiel de resituer le contexte mais il faut veiller à ne pas en surestimer l'importance. L'environnement peut servir de prétexte pour ne pas chercher plus avant. Le risque est de décider de la cause avant d'avoir décrit la situation et d'en avoir apprécié la gravité. Ce peut être, d'ailleurs, pour ne pas avoir à le faire. Il est parfois exact que l'anxiété est simplement réactionnelle et que tout rentrera dans l'ordre quand la conjoncture aura évolué – mais comment en être sûr si on ne l'a pas explorée en totalité? D'autant que, fréquemment, quand la situation se modifie, on met l'anxiété sur le compte de ce dernier changement.

« En ce moment, si je suis anxieux, c'est que mon chef est devenu insupportable », puis « Mon chef vient de changer, il faut que je m'y habitue », puis « On a une surcharge de travail », puis « Mon nouveau collaborateur n'est pas assez formé », etc.

Trop d'anxiétés évoluent ainsi pendant des années en se cachant derrière « une bonne raison ». L'amélioration est toujours pour plus tard, avec, à chaque fois, la certitude sincère que « les choses iront mieux » à brève échéance. C'est une des manières de se nuire en se trompant soi-même.

L'attitude qui consiste à ne pas trop s'inquiéter n'est pas forcément négative, à condition qu'elle ne soit pas un prétexte pour se cacher la réalité des choses, à fortiori quand elles évoluent depuis longtemps.

N'importe où sauf dans la tête

Le second leurre est au moins aussi fréquent que le premier. Il consiste à prendre pour alibi, non plus le contexte mais l'expression somatique de l'anxiété. On a évoqué avec l'histoire de Claire l'anxiété « Canada Dry » (celle qui a l'apparence d'une maladie somatique, les symptômes d'une maladie somatique mais qui n'en est pas une). Il arrive que l'on s'accroche à cette apparence comme à une bouée, comme si nommer l'anxiété risquait de nous faire couler.

En général, toute l'attention est centrée sur l'un des symptômes. Au lieu de considérer ce symptôme comme l'un des modes d'expression du problème, on considère qu'il résume toute la maladie.

C'est ainsi que de nombreux anxieux se retrouvent chez un cardiologue, parfois sur les conseils d'un médecin, à cause de palpitations ou de douleurs thoraciques. D'autres spécialités médicales sont aussi souvent sollicitées, comme la gastroentérologie, la neurologie, la rhumatologie, etc.

Après tout, pourquoi ne pas vérifier face à une douleur thoracique que le cœur est en bon état? Certes, mais le plus souvent les investigations ne s'arrêtent pas là : les symptômes sont toujours présents et l'on persiste dans l'hypothèse somatique. On n'accepte pas que tout soit normal. Pour « prouver » la maladie il faut un examen complémentaire positif : on les multiplie donc, de plus en plus précis (et coûteux). On cherche désespérément une maladie, « une vraie », en espérant que son identification permettra la guérison. Le risque de ce type de leurre est de s'enfermer dans un cercle vicieux où moins on trouve plus on cherche et plus on cherche, plus on s'inquiète de ne pas trouver.

Ces attitudes se retrouvent souvent chez des individus qui « ne croient pas tous ces trucs de psy » et qui considèrent que l'anxiété est une simple faiblesse du caractère. Si l'éventualité d'une composante anxieuse est évoquée, la réaction indignée ne tarde pas : « Je ne suis pas fou. »

Dans un premier temps, l'environnement médical encourage ces patients dans leurs recherches, à juste titre. Ensuite, devant la normalité des examens complémentaires, le médecin ne sait plus très bien que faire et le patient est catalogué comme « fonctionnel ». Derrière ce mot se cachent l'impuissance du somaticien et la perte d'espoir de l'anxieux.

La parade consiste évidemment à ne pas se centrer sur l'un des symptômes mais à décrire l'ensemble du tableau clinique et à le replacer dans un contexte général. La parade réside aussi dans l'acceptation (et la compréhension) que l'anxiété soit une vraie maladie qui peut toucher chacun d'entre nous sans pour autant que ce soit honteux. Combien de patients, après avoir été en arrêt maladie plusieurs mois en raison de leur trouble anxieux, n'osent pas « avouer » à leur entourage la cause de leur arrêt et se font la réflexion : « Si seulement j'avais eu un (petit) cancer, j'aurais pu en parler! »

La déprime

A l'opposé de l'alibi « somatique », la dépression est souvent invoquée comme alibi « psychologique » pour éviter d'affronter l'anxiété. Aussi convient-il de bien distinguer ces deux états qui sont parfois mêlés mais peuvent aussi exister séparément.

Tristesse et dépression

La tristesse est à la dépression ce que l'anxiété normale est à l'anxiété pathologique : son aspect quotidien.

Tout comme l'anxiété normale, la tristesse est réversible. Cette sensation qui nous étreint à la vue d'un tableau, ce serrement que nous ressentons à l'écoute d'une mélodie ne constituent qu'un bref épisode de notre activité quotidienne, laissant rapidement la place à un autre état émotionnel. Celui qui n'est pas déprimé conserve sa capacité de changer. La tristesse disparaît avec l'arrêt de l'événement qui l'avait déclenché : une séparation, une pensée, une perte ou un moment musical.

Alors que l'anxiété est créatrice dans son instant, ce n'est qu'une fois l'épisode passé que la tristesse révélera sa puissance productive. Tristes, nous sommes sidérés, incapables de faire quoi que ce soit. Une fois passée, cette émotion imprègne notre sensibilité. Le génie des auteurs est de pouvoir nous la communiquer : les musiques les plus belles ne sont-elles pas les plus tristes?

La dépression pourrait être définie comme *une tristesse qui n'évolue pas :* figée, bloquée. Le déprimé est engagé dans un cycle où le désir, le plaisir et l'action sont absents. C'est une constellation de symptômes qui permet de poser le diagnostic de dépression.

– *Le ralentissement.*

Ralentis, les déprimés le sont à la fois sur le plan physique et psychique. Après le départ de Cosette, Jean Valjean est bien ralenti : « Là, il marchait à pas lents, la tête tendue en avant, ne voyant rien, n'entendant rien, l'œil immuablement fixé sur un point toujours le même (...). » Le déprimé est fatigué surtout le matin, il marche lentement, péniblement, à petits pas. Il a des douleurs (le plus souvent dorsales ou lombaires). Ses désirs sont anesthésiés : plus d'appétit ni d'envie sexuelle. Même le sommeil est déréglé et le ralentissement est surtout marqué le matin.

Le ralentissement psychique s'exprime par des difficultés de concentration et de mémoire. Il est aggravé par un désintérêt pour le monde environnant : lire un livre devient un pensum, suivre le journal télévisé, un exploit. Les oublis se font de plus en plus fréquents. Le temps dure longtemps, les journées n'en finissent plus. Balzac décrit ainsi le *Père Goriot :* « Il était retombé dans un état méditatif que ceux qui l'observaient superficiellement prenaient pour un engourdissement sénile dû à son défaut d'intelligence. »

– *La perte de l'estime de soi.*

Le déprimé se considère comme un « moins que rien », qui n'a jamais rien réussi et qui ne réussira jamais rien. Il s'accuse de tous les péchés de la terre et se sent responsable de tous les événements négatifs qui surviennent autour de lui. Comme il a, en plus, tendance à ne remarquer que ce qui est négatif, cela donne des discours du type : « Je suis incapable, indigne d'être là où je suis, d'ailleurs je vous fais perdre votre temps... »

– *Les idées de mort.*

Peu à peu la mort infiltre le champ de la conscience. Du passé ne subsistent que les deuils qui sont de nouveaux prétextes à auto-accusations. Dans le présent, le déprimé n'a plus accès au plaisir, il est insensible aux sollicitations du monde extérieur. Quant à l'avenir, la mort semble sa seule issue. Les idées de suicide sont plus ou moins claires, le projet en est plus ou moins construit.

Anxiété et dépression : des états opposés?

Si on les prend isolément, les descriptions de l'anxiété et de la dépression paraissent opposées : l'anxieux appréhende le futur en s'appuyant sur le passé quand le déprimé est entièrement tourné vers le passé et n'aperçoit aucun avenir; l'anxieux possède une grande énergie, même s'il se sent bloqué (inhibition anxieuse) quand le déprimé voit son énergie fondre comme neige au soleil (ralentissement dépressif); l'anxieux cherche (désespérément) une issue quand le déprimé a depuis longtemps abandonné la partie.

Le déprimé serait donc accablé par le présent et réfugié dans le passé et l'anxieux insatisfait du présent et appréhendant surtout le futur.

La réalité clinique est plus nuancée : il est assez rare de rencontrer des déprimés qui ne présentent aucune anxiété et les études épidémiologiques montrent que les anxieux ont un risque important de souffrir de dépression s'ils ne sont pas soignés (deux « paniqueurs » sur trois, non traités, ont présenté ou présenteront une dépression).

L'ANXIEUX	LE DÉPRIMÉ
inquiet	a la certitude du malheur
inhibé	ralenti
fébrile	détaché
actif	inactif
s'énerve	se moque de la situation
fuyant	immobile
transpire	a plutôt froid
a plutôt la diarrhée	est plutôt constipé
oppressé	désespéré
irritable	triste
n'arrive pas à s'endormir	se réveille tôt
cherche à s'en sortir	ne voit pas de solution
voudrait guérir	voudrait ne plus se réveiller
se sent tendu	se sent vide
préoccupé par ses pensées	n'arrive pas à réfléchir
coléreux	indifférent
supporte mal les autres	s'auto-accuse
n'arrive pas à bien faire	a envie de ne rien faire
voit des dangers	voit des malheurs

Ces deux états se mêlent dans ce qu'il est convenu d'appeler les états anxio-dépressifs. Dans ces tableaux cliniques, distinguer les symptômes du registre dépressif de ceux du registre anxieux n'est souvent pas simple. Comment dire si les troubles de la concentration sont liés à une inhibition anxieuse ou à un ralentissement psychique? Il convient pourtant que le médecin et son patient s'accordent sur un diagnostic principal qui déterminera l'objectif premier de l'action thérapeutique. On ne peut être efficace que si l'on s'est fixé des buts à atteindre : il est des évidences qui sont parfois bonnes à rappeler.

A chacun sa normalité

L'avons-nous assez dit? L'anxiété est d'abord un phénomène normal.

L'anxiété est au psychique ce que la douleur est au physique. Elle joue un rôle important dans l'apprentissage. De même que la douleur apprend à l'enfant ce qui est dangereux pour lui, de même l'anxiété est essentielle dans l'organisation de sa personnalité. L'anxiété oblige notre psychisme à s'adapter aux situations nouvelles. Elle est indispensable à notre bon fonctionnement.

En réalité, la question que l'on se pose est : est-ce que *mon* anxiété est normale?

Question qui pourrait paraître anodine mais qui ouvre sur beaucoup d'autres : qu'est-ce que la normalité, est-ce que je souhaite être normal, faut-il toujours être normal, etc.?

Un jour, un enseignant a fait un test. Il a demandé à un amphithéâtre d'une centaine d'étudiants : « Quels sont ceux, parmi vous, qui se sentent normaux? » Seulement deux étudiants levèrent la main. Puis il demanda : « Quels sont ceux, parmi vous, qui se sentent anormaux? » Aucun ne se manifesta.

Ainsi, l'immense majorité ne s'était signalée ni comme normale ni comme anormale. Voilà qui relativise notre question : il y aurait beaucoup de place entre le normal et l'anormal. Mais alors, qu'est-ce que la normalité?

Vaste champ d'investigation qui relève plus du sujet de dissertation de philosophie que d'un guide médical. Posons cependant quelques points de repère.

Lorsqu'on dit d'un taux sanguin de cholestérol qu'il est anormal, c'est que sa valeur dépasse une limite chiffrée qui a été fixée à partir de statistiques sur la population. On sait qu'au-delà de cette limite la probabilité de voir sa santé se dégrader est majorée, notamment en augmentant le risque de maladie cardiovasculaire. La normalité dans ce cas est chiffrée et statistique. Ce type de normalité ne peut évidemment pas s'appliquer aux troubles anxieux dont l'expression est polymorphe et pour lesquels on ne dispose pas d'instrument de mesure universel.

Une autre manière de considérer le normal est de dire : est normal tout ce qui n'est pas pathologique. L'inconvénient est lié au fait que les limites sont floues. Fallait-il soigner Napoléon de sa phobie des chats? Probablement pas. Même si sa phobie était effectivement un phénomène anormal, Napoléon a pu mener une vie de chef d'État sans gêne apparente majeure. On peut présenter une crise d'angoisse violente (avec des signes physiques si forts que l'on est persuadé que l'on va mourir dans les minutes à venir) une seule fois dans sa vie sans conséquences pour la suite. Cette crise pourrait être une attaque de panique et donc un trouble anxieux pathologique mais on ne pourra pas considérer comme anormal d'en avoir présenté une seule au cours de sa vie.

L'excès inverse consiste à considérer que chaque individu est unique et qu'en l'absence de critère universel de la normalité, on ne peut le comparer qu'à lui-même. Tout le monde aurait donc sa propre « normalité » personnelle (ce sont des raisonnements de ce type qui ont conduit les partisans du mouvement anti-psychiatrique des années 1968 à vider les hôpitaux psychiatriques).

La normalité utilisée en psychiatrie tient compte de trois critères :

– l'histoire personnelle du sujet qui en fait un individu unique dont l'état actuel doit être comparé aux états antérieurs,

– l'environnement dans lequel il évolue et les buts qu'il se fixe,

– la normalité statistique ou sociale qui compare le sujet à ses congénères (porter un os dans le nez est plus ou moins « normal » selon la contrée dans laquelle on vit).

L'essentiel n'est pas de se référer à une norme, mais de se poser les questions suivantes :

– Suis-je plus ou moins anxieux qu'il y a peu de temps, comment cette anxiété s'inscrit dans mon histoire?

– Mon anxiété est-elle une entrave pour réaliser mes objectifs et pour avoir un environnement relationnel épanouissant?

– Mon anxiété est-elle source de souffrance, pour moi ou mon entourage? Est-ce que je souhaite qu'elle soit atténuée?

Ces questions doivent être posées *indépendamment des causes identifiées.* Souvent, on s'imagine qu'il suffit de connaître l'origine du trouble anxieux pour qu'il soit soulagé (j'ai la cause, donc je suis guéri). C'est doublement faux : d'une part, il est quasiment impossible d'isoler tous les paramètres qui entrent en jeu dans la genèse d'un trouble anxieux, d'autre part, connaître la cause de son mal n'a jamais soulagé personne.

A l'inverse, certains patients pensent qu'ils ne peuvent faire plus que d'identifier l'événement déclencheur ou l'étiologie de leur trouble (je connais la cause donc il n'y a rien à faire). C'est une nouvelle erreur. Toute souffrance peut être soulagée et tout comportement dysfonctionnel peut être amélioré.

Dans l'hypothèse où l'on considère que les choses sont supportables en l'état, il convient de fixer à l'avance la date à laquelle on refera un bilan : combien de temps est-on prêt à supporter l'état dans lequel on se trouve?

Cette première partie sur l'anxiété au quotidien nous a permis de préciser notre propre anxiété dans toutes ses composantes et de prendre une éventuelle décision de changement. Toute anxiété, qu'elle soit pathologique ou non, est aujourd'hui accessible à un traitement qui apportera un mieux si c'est nécessaire. Cependant, avant d'envisager ces solutions, il nous faut décrire ce qu'est l'anxiété lorsqu'elle peut être considérée comme une maladie à part entière.

2

QUAND L'ANXIÉTÉ DEVIENT UNE MALADIE

CHAPITRE 5

L'anxiété, ça peut s'expliquer

Le caractère anxieux et la maladie anxieuse

J'ai toujours été anxieuse, c'est mon caractère. Aussi loin que je me souvienne, j'étais très timide; à l'école, je rougissais quand on m'interrogeait; avant les devoirs sur table, j'en étais malade une semaine à l'avance, etc. On ne change pas un caractère, alors je ne vois vraiment pas ce que vous pourriez faire pour moi.

Et pourtant, Catherine est venue en consultation parce que, précisément, elle ne supporte plus son anxiété.

Le problème que pose Catherine est essentiel : sommes-nous anxieux en fonction d'une personnalité définitivement fixée ou est-ce un état transitoire et réversible?

Il est incontestable qu'il y a des tempéraments différents. Certains sont plus ou moins inquiets de l'avenir; d'autres sont plus ou moins préoccupés par leurs proches; d'autres, enfin, sont si impulsifs que la moindre étincelle les fait exploser. Ce fond, qui semble exister depuis toujours, constitue ce qu'on appelle l'anxiété-trait. Il s'agit d'un trait de caractère comme la gentillesse ou la générosité. La grande différence avec l'anxiété-maladie (ou anxiété-état), est liée à sa constance dans le temps.

Cependant, la personnalité n'est pas définitivement

figée comme dans un moule : l'anxiété, même avec un fond constant, présente des pics.

Quand on passe la porte du cabinet d'un psychiatre, on le crédite d'un pouvoir parfois un peu inquiétant : « Vous n'allez pas me changer de personnalité? » interroge Catherine. Comme si le psychiatre, du haut de sa science, était capable de lire toutes les pensées de ses interlocuteurs et, avec les techniques psychothérapiques, de les modifier comme un sculpteur modifie un morceau de terre encore humide, changeant, à son gré, l'apparence de son œuvre. *Cette toute-puissance que le psychiatre n'a pas, le temps l'a, du moins partiellement.* Nos traits de caractère ne sont pas fixés une fois pour toutes et particulièrement les traits anxieux. On n'est pas anxieux de la même manière à 18 ans qu'à 50 ans. Si le psychiatre ne change pas la personnalité de ses patients, il peut, en revanche, les aider à atténuer un trait de comportement gênant. Catherine dit qu'elle a toujours été timide et qu'elle rougit facilement : il est relativement simple de lui apprendre à atténuer ces traits, si elle le souhaite.

Le trait anxieux, même s'il se modifie au cours du temps, fait partie de notre manière de réagir aux événements. On pourrait presque dire que l'anxiété-trait est un élément de notre équilibre. L'anxiété-état modifie cet équilibre, elle introduit une rupture. Si Catherine est venue consulter, c'est que son anxiété est un peu plus intense que d'habitude. La confusion peut venir du fait que l'anxiété-état prend simplement la forme de l'anxiété-trait mais en plus marqué. La timidité de Catherine devient une véritable phobie sociale qui l'empêche d'entrer en contact avec qui que ce soit mais, comme elle a un « penchant naturel » à avoir des difficultés de cet ordre, elle pense qu'il n'y a rien à faire d'autre que « changer son caractère ».

Quand l'anxiété-état est ainsi en continuité avec

l'anxiété-trait, c'est « un peu plus de la même chose » pour le sujet, un peu plus de désagrément ou de souffrance qu'il trouve le plus souvent « normale » en raison d'un contexte particulier. L'aide de l'entourage est alors particulièrement précieuse. Les proches sont en meilleure position pour se rendre compte du passage du trait anxieux à l'état pathologique. Ils ont un rôle à jouer de révélateur et de déclencheur pour favoriser éventuellement une consultation.

Qu'elle soit normale ou pathologique, permanente ou occasionnelle, de quoi est faite cette anxiété?

Le psychanalyste et le pharmacologue

Jusqu'aux années soixante, les idées de S. Freud ont dominé la psychiatrie. L'avènement de la psychopharmacologie et l'émergence de nouvelles psychothérapies ont entraîné un bouleversement dont nous bénéficions aujourd'hui.

En effet, la découverte des psychotropes (médicaments qui agissent sur le psychisme) a obligé les psychiatres à reconcevoir autrement les troubles psychiques : il fallait bien prendre en compte la dimension biologique. L'impulsion de ces idées novatrices a constitué un véritable électrochoc pour l'ensemble de la recherche mondiale en psychiatrie. Progressivement on reconstitue les morceaux du puzzle pour individualiser, au sein des troubles anxieux, cinq grandes classes de maladie, indépendantes dans leur expression clinique, reposant sur des bases autonomes, tant dans leurs aspects physiques, comportementaux ou psychiques que par leur substratum biologique. Cependant cette classification n'est pas figée, elle est constamment enrichie et parfois remise en cause par les découvertes les plus récentes. C'est ainsi, par exemple, que le psychiatre américain Donald Klein en administrant un antidépresseur de référence (l'imipramine) à un ensemble hétérogène de patients est parvenu, dans les années soixante, à isoler un groupe de malades anxieux non déprimés dont l'état s'améliorait sous traitement : il avait identifié l'entité nosologique du trouble panique.

« C'est psychologique, donc ce n'est pas une maladie! »

Le raisonnement médical classique repose sur le modèle anatomo-clinique. Les symptômes cliniques ont une base anatomique, une lésion qui se voit ou des perturbations biologiques : en somme des anomalies qui se mesurent.

Ce type de raisonnement est particulièrement bien adapté à la chirurgie, où à une douleur correspond une lésion visible (par exemple une fracture) qui sera guérie lorsqu'on ne la verra plus (après immobilisation par un plâtre). Il s'applique déjà moins bien à la médecine qui relève de diagnostics plus subjectifs – une hypertension artérielle (HTA) sera diversement appréciée selon les médecins – et qui souvent ne met pas en évidence de lésion. Pourtant personne ne conteste le statut de maladie à l'hypertension...

Lorsqu'on aborde les domaines dans lesquels la psychologie a une part importante, ils sont considérés par le sens commun comme encore plus subjectifs et sans support anatomique. Cela suffit souvent à décider que ce ne sont pas des maladies.

Si le raisonnement anatomo-clinique qui nous conduit à définir une « vraie » maladie est simpliste, celui qui nous conduit à exclure la psychologie du champ de la médecine l'est plus encore.

Penser, c'est faire fonctionner la chimie de son cer-

veau. Tous les processus intrapsychiques impliquent une succession d'événements physico-biologiques (synapses, circuits, connexions, etc.). Ces processus sont d'une finesse et d'une complexité telles qu'ils ne sont pas, ou très partiellement, accessibles à nos instruments d'observation. Ce n'est pas pour cela qu'ils n'existent pas. Il en est de même pour la maladie psychique, ce n'est pas parce qu'on ne sait pas toujours précisément identifier les lésions anatomiques (à supposer qu'elles existent) que la maladie psychique n'a pas une réalité propre. Cette réalité est d'ailleurs de mieux en mieux connue. Pour l'anxiété les différents courants psychologiques et neurobiologiques ont beaucoup fait progresser notre savoir ces dernières années.

Les origines de l'anxiété

Trois branches de la psychologie ont fait une place particulière à l'anxiété : la psychanalyse, le comportementalisme et le cognitivisme. La neurobiologie de son côté a connu un développement sans précédent ces dernières décennies.

Chacun de ces courants a longtemps tenté d'expliquer à l'aide de ses seuls arguments l'ensemble des phénomènes psychiques observés. Chacun réfutait les arguments de l'autre. Cette lutte s'est révélée stérile et souvent antiscientifique à force de dogmatisme : les observations de chacun n'en contenaient pas moins une part de vérité.

Il s'agit donc de quitter l'esprit partisan pour conjuguer au mieux ces parcelles de la réalité anxieuse si complexe. Chacun des courants de pensée complète les connaissances de l'autre et lui permet de progresser.

Une base biologique

Des structures anatomiques impliquées

Notre cerveau est constitué de deux hémisphères. Chacun de ces hémisphères comprend quatre lobes : le lobe frontal (en avant), le lobe occipital (en arrière), les lobes temporal et pariétal (sur les côtés). Les structures limbiques appartiennent à plusieurs régions, notamment au lobe temporal, et constituent un véritable carrefour où s'échangent des informations venant de l'ensemble du cerveau. Chacun de ces lobes est primitivement responsable d'une fonction (le lobe frontal permet de bouger et le lobe occipital de voir). A un niveau supérieur, ces lobes associent les données pour permettre une activité idéative plus élaborée.

Le lobe temporal est particulièrement impliqué dans l'expression et le contrôle émotionnels, surtout grâce à ses structures limbiques. On a pu constater que des troubles anxieux paroxystiques apparaissaient systématiquement au cours de l'activation des structures limbiques du lobe temporal (ces études ont été faites chez les patients souffrant d'épilepsie temporale). L'une de ces zones anatomiques, l'amygdale (qui n'a rien à voir avec celle qui nous fait souffrir dans les angines), est spécifiquement impliquée dans les comportements de peur comme cela a été très bien étudié chez l'animal. D'ailleurs l'injection d'un produit tranquillisant de type benzodiazépinique entraîne l'arrêt des comportements de peur (fuite ou combat) dans des situations effrayantes. Il est évident qu'il est beaucoup plus facile d'étudier le fonctionnement des structures cérébrales chez l'animal pour lequel on a mis au point de nombreux tests émotionnels.

La lobotomie (section de structures cérébrales), qui créait cette indifférence affective si bien interprétée par Jack Nicholson dans *Vol au-dessus d'un nid de coucou,* appartient évidemment au passé. Nous avons néanmoins appris que la destruction totale ou partielle de certaines régions du lobe frontal pouvait éliminer les conduites et les pensées obsessionnelles (c'est l'une des catégories des troubles anxieux). Une autre partie du système limbique, le système septo-hippocampique, a un rôle dans les troubles anxieux. Ce système sert à comparer ce que perçoit un individu à ses expériences antérieures. C'est comme cela qu'il peut prévoir ce qui va se passer en fonction de la situation présente. En cas de réponses excessives ou inadaptées de ce système les troubles anxieux se déclenchent car l'individu ne peut plus réduire son niveau d'incertitude. Ainsi, les symptômes obsessionnels pourraient être liés à une activité excessive de vérification.

Des indices neurobiologiques : les récepteurs aux benzodiazépines

Chacune de nos cellules possède à sa surface des récepteurs qui lui permettent de recevoir des informations venant des autres cellules. Cette information a pour effet d'activer ou d'inhiber de façon spécifique la cellule réceptrice.

Chacun de ces récepteurs est spécifique d'une molécule circulant dans notre organisme : un récepteur ne peut être activé que par un seul type de molécule (comme une serrure ne peut fonctionner qu'avec une seule clé).

Dans les années soixante-dix la recherche découvrit les récepteurs à la morphine et peu après on isola des molécules de type morphinique fabriquées par l'organisme dont le rôle est notamment de contrôler les phénomènes douloureux.

Plus récemment, on a mis en évidence des récepteurs aux benzodiazépines (qui constituent la principale classe de médicaments tranquillisants). Un raisonnement analogique à celui des récepteurs morphiniques conduit à faire l'hypothèse qu'il existerait des molécules produites par l'organisme à visée anxiolytique. On ne les a pas encore trouvées mais l'espoir demeure.

Des tests biologiques

De nombreuses mesures biologiques sont perturbées chez les patients anxieux. Aucune n'est spécifique de ces troubles. En revanche, les tests de réponse aux agents pharmacologiques sont plus spécifiques de certains troubles anxieux.

Le test au lactate : les patients souffrant de troubles anxieux paroxystiques présentent une sensibilité au lactate nettement plus forte que les volontaires sains. Lorsqu'on leur perfuse du lactate cela provoque fréquemment des attaques de panique. La responsabilité du lactate est confirmée par l'absence de réponse lorsqu'on remplace le lactate, à l'insu de l'expérimentateur et du patient, par une substance inactive.

Le test à la caféine : tout le monde sait que la caféine est un excitant qui peut rendre anxieux. Lors des expérimentations, une ingestion massive de caféine déclenche plus d'attaques de panique chez les « paniqueurs » que dans les groupes témoins. Ces études concordent pour trouver une sensibilité accrue des patients sujets au trouble panique à la caféine, au point qu'ils réduisent spontanément leur consommation, le plus souvent.

Le test au gaz carbonique : de même que pour les tests précédents, il a été montré que les « paniqueurs » présentaient plus d'attaques à l'inhalation de gaz carbonique que les témoins. Or, lors des attaques, le patient a tendance à respirer plus vite ce qui augmente la concentration sanguine de gaz carbonique. Cette hypersensibilité au gaz carbonique pourrait bien être un facteur d'entretien de la crise.

La piste génétique

L'anxiété serait-elle héréditaire? Déjà, au siècle dernier, des médecins avaient constaté une fréquence plus élevée des troubles anxieux chez les enfants de patients souffrant de ce qu'on appelait alors une « névrose d'angoisse ».

Cette plus forte proportion est-elle due à l'éducation (l'acquis) ou à une prédisposition génétique (l'innée)? Les études récentes poussent au compromis et entérinent la distinction faite entre les différents troubles anxieux.

Plus de la moitié des patients souffrant du trouble panique ont dans leur famille au moins un parent de premier degré (frère, sœur, enfant, neveu ou nièce) présentant la même pathologie. La présence d'une agoraphobie (avec ou sans attaques de panique) augmente également la probabilité d'avoir un enfant agoraphobe. Les études sur les vrais jumeaux donnent habituellement la solution : si la maladie est génétique, lorsqu'un jumeau est atteint, son frère l'est systématiquement. Dans le cadre du trouble panique, la proportion ne dépasse pas les 50 %. Ce chiffre confirme une participation génétique (ce taux est beaucoup plus élevé que dans la population générale) mais il exclut toute transmission simple.

En revanche, il est très difficile de trouver des liens aussi étroits quand il s'agit d'anxiété généralisée. De même, les parents ne transmettent pas, par leurs chromosomes, les phobies spécifiques dont ils souffrent. Cependant un certain nombre de phobies sont présentes chez tous les individus à des degrés variables, comme la phobie des serpents, celle du sang ou des araignées. Ces phobies seraient transmises génétiquement chez tous les hommes de façon à préserver l'espèce des dangers de l'environnement.

Enfin, le trouble obsessionnel compulsif (TOC) a fait l'objet aux USA d'une remarquable étude épidémiologique entre 1977 et 1987. Il en ressort que 25 % des patients présentant un TOC ont un autre membre de la famille atteint, ou ayant été atteint, de TOC. La même étude montrait aussi un certain métissage entre les différents troubles anxieux et la dépression.

Toute la question est de savoir de quelle manière ces événements jouent sur notre psychisme. C'est ce que tentent d'expliquer, notamment, les modèles psychologiques.

La théorie psychanalytique

Au début du siècle, Sigmund Freud découvrit que l'anxiété n'était pas seulement liée à la pression de forces extérieures à l'individu, mais également à la présence de conflits internes entre les désirs inconscients et la réalité consciente. Freud a développé deux théories successives de l'angoisse.

Dans la première, l'origine de la névrose d'angoisse est liée à la frustration et à l'abstinence sexuelle. La pulsion sexuelle qui ne trouve pas d'issue se transforme en tension anxieuse par défaut de mentalisation. L'origine est donc double. D'une part, il faut qu'il existe une tension libidinale, d'autre part il faut qu'il y ait méconnaissance, par le sujet, de la nature sexuelle de cette tension.

Dans la seconde théorie, l'angoisse est déclenchée par

une situation extérieure qui est associée à « l'angoisse automatique » (dont le prototype est l'angoisse du nourrisson séparé de sa mère). L'angoisse serait donc le résultat d'un signal extérieur qui ravive des conflits inconscients.

Pour Widlöcher, ces deux théories ne sont pas incompatibles (d'ailleurs Freud n'en a jamais réfuté aucune). La seconde théorie donnerait une explication du *mécanisme d'activation* de l'angoisse alors que la première rendrait compte du *mécanisme de production* de l'angoisse.

Voici un exemple, tiré de l'œuvre de S. Freud lui-même.

Freud fut un jour amené à traiter une femme qui avait une formidable appréhension de toucher tout ce qui pouvait être en caoutchouc. Elle était incapable d'expliquer d'où lui venait cette peur. Au cours de l'analyse, Freud put remonter jusqu'au traumatisme infantile en cause.

Lorsqu'elle était enfant, la patiente ressentit une immense jalousie à la suite de la naissance de sa sœur cadette. Son seul désir était de la tuer pour retrouver toute l'affection et l'admiration de ses parents, notamment de son père. Un jour, celui-ci ramena deux ballons de baudruche, un pour chacune d'elles. La patiente ne le supporta pas et creva immédiatement le ballon de sa sœur. Elle fut aussitôt punie et forcée de lui donner son propre ballon.

Freud interpréta la destruction du ballon comme un acte de violence symbolique sur sa sœur. La punition exacerba le sentiment de culpabilité né de la volonté de la voir morte. Afin d'éviter toute l'angoisse liée à ce conflit, ce dernier fut enfermé dans l'inconscient : la vue d'un objet en caoutchouc réactivait ce conflit inconscient et entraînait la réémergence de l'anxiété qui lui était liée.

Modèles comportementaux

Le point de vue psychanalytique est aussi appelé psychodynamique. Ce mot reflète bien la perspective dans laquelle se place la psychanalyse : l'explication du symptôme passe par l'histoire du patient. L'étude des comportements (dénommée comportementalisme ou béhaviorisme en référence au mot anglais *behavior* qui signifie comportement) complète ce système en se plaçant à un point d'observation différent. On ne s'intéresse plus ici aux difficultés du sujet par rapport à son histoire, mais à son comportement en fonction de son expérience.

En aucun cas, l'analyse comportementale ne tente de savoir, encore moins de traiter, ce qui se passe dans la tête de quelqu'un au moment où il émet un comportement en réponse à une stimulation (un stimulus). Le comportement est adopté en fonction d'une expérience. Pour le comportementaliste, il y a pathologie lorsque ce comportement est déviant, c'est-à-dire non adapté.

Une observation vieille comme le monde : le conditionnement

Chaque automobiliste en fait quotidiennement l'expérience : lorsque le feu se met au rouge, il s'arrête, sans même réfléchir à ce qu'il fait. Cet automatisme est si fort qu'il lui arrive parfois de s'arrêter au feu rouge alors qu'il est devenu un simple piéton.

Si l'automobiliste s'arrête, ce n'est pas à cause du feu en lui-même : ne pas stopper entraînerait un accident (à moins que ce ne soit le retrait du permis de conduire, si un agent de police est dans les parages). En réalité, le feu rouge n'est qu'un rappel neutre d'un danger réel.

Quand l'automobiliste freine à la vue du feu, l'idée de danger est absente. C'est donc un stimulus neutre (le feu rouge) qui entraîne un comportement en réalité lié à un stimulus aversif (avoir un accident).

Un certain nombre de phobies pourrait s'expliquer de la même façon : au moment de l'exposition à un grand danger, un stimulus neutre s'y associe fortuitement. La présentation ultérieure de ce stimulus neutre provoque l'angoisse.

Un exemple : vous courez pour attraper l'autobus. Vous parvenez *in extremis* à monter dans la voiture. Votre cœur fait des bonds dans votre poitrine et vous pensez mourir dans l'instant (attaque d'angoisse). Dans un premier temps, vous éviterez de prendre le bus, en souvenir de cette crise d'angoisse. Ensuite, même lorsque cet épisode sera oublié, la vue d'un autobus déclenchera une anxiété intense.

Signaux de danger et signaux de sécurité

Être pris au piège dans une situation dont on ne peut avoir le contrôle est l'angoisse principale évoquée par les patients souffrant du trouble panique avec agoraphobie. Ils cherchent donc en permanence à maîtriser l'environnement par la mise en place de signaux de sécurité. Un signal de danger (qui peut n'être qu'un stimulus neutre) va provoquer un accès d'angoisse tout comme l'absence de signaux de sécurité entraîne une anxiété permanente (anticipatoire).

L'absence de signaux de danger associée à une absence de signaux de sécurité conduit à l'anxiété permanente, sans paroxysme. Tout devient un danger potentiel.

Ces mécanismes psychologiques nous permettent de mieux comprendre l'anxieux dans sa vie quotidienne : celui qui ne parvient pas tout seul à réduire son niveau de tension va se tourner vers son entourage pour qu'il lui fournisse ces signaux essentiels : la famille, les amis se transforment en machine à sécuriser.

L'impact des événements de vie, si souvent retrouvés avant l'éclosion d'un état anxieux, trouve ici une autre signification : un deuil ou la perte d'un ami proche ne sont plus seulement vecteurs de fortes charges émotionnelles, ils signifient aussi bien la perte de repères essentiels de sécurité que la confirmation de l'existence permanente du danger.

L'approche cognitive

Nous voyons que l'étude des comportements nous pousse irrésistiblement à chercher la façon dont ils sont interprétés par notre esprit. Nous quittons progressivement les objectifs initiaux du comportementalisme (n'étudier que les comportements et les conduites) pour naviguer vers les eaux plus profondes du traitement de l'information. Comment et pourquoi des signaux identiques sont-ils considérés par les uns comme un danger, par les autres comme une sécurité ou comme neutres par d'autres encore?

Nous constatons chaque jour les relations étroites qui existent entre nos pensées et nos émotions : nous savons qu'une pensée triste peut entraîner des larmes. Nous sommes beaucoup moins attentifs à la relation inverse : les larmes peuvent rendre triste.

L'approche cognitive va étudier le rôle médiateur des pensées, des croyances irrationnelles et des images mentales qui permettent à l'individu de s'adapter aux stimuli internes et externes (J. Cottraux). Notre manière de traiter l'information est issue de notre histoire mais elle est également déterminée par les réponses aux comportements que nous avons émises, de sorte que nous retrouvons des influences psychodynamiques et comportementales.

Face à un stimulus, l'anxieux réagit en fonction de schémas qui sont profondément ancrés en lui et qui règlent son existence. Ces schémas ont été acquis au cours de son existence.

Le postulat est que l'anxiété pathologique résulte de biais dans la manière de traiter les informations vectrices de dangers potentiels. Au moment où le stimulus apparaît, une seule réponse est envisagée par l'anxieux : la pire. Les mécanismes en cause sont bien connus, en voici quelques exemples :

– L'anxieux tire des conclusions sans preuve, notamment en ce qui concerne la gravité de ses troubles physiques. Ainsi l'anxieux qui, au cours d'une période anxieuse, souffrira d'une douleur au creux de l'estomac, pensera aussitôt « J'ai un ulcère ». Par la suite, toute douleur à ce niveau sera vécue comme une recrudescence de l'ulcère. Cette pensée surgira automatiquement, sans réflexion, et entretiendra le phénomène.

– Tout danger possible est maximalisé.

– Tout signal de sécurité est minimisé.

– L'anxieux tire des conclusions générales à partir d'expériences uniques : s'il a senti une palpitation au moment de mettre un pied dans votre jardin, vous pouvez être sûr qu'il n'y posera pas le second.

Penser l'anxiété : une synthèse possible

La synthèse de nos connaissances en biologie, en psychanalyse, en comportementalisme et en cognitivisme nous permet maintenant d'envisager un schéma global, tenant compte de l'ensemble des observations. Ce schéma est résumé sur la figure ci-contre.

La situation anxiogène peut être décrite comme résultant de l'interruption de plans d'action.

Notre vie quotidienne voit l'enchaînement d'une succession de plans d'action. Si nous décidons de nous mettre au travail, notre comportement peut se décomposer ainsi :

– quelques pas vers une chaise (premier plan d'action),

– tirer la chaise (fin du premier plan et début du second),

– s'asseoir (fin du second plan et début du troisième),

– se saisir d'une feuille.

Chacune de nos actions trouve son issue dans l'enchaînement : l'arrêt d'un plan ne génère pas d'émotion car une suite intervient immédiatement. Il n'y a pas rupture mais continuité.

Prenons maintenant une situation d'interruption brutale de plans d'action.

Un homme (M. X.) arrive à son travail et s'attend comme chaque jour à trouver ses collègues et son emploi du temps pour la journée. Il ouvre la porte de son bureau, pose son manteau et se dirige vers sa table de travail (enchaînement de plans). Mais soudain, tout s'arrête : une lettre lui annonçant son licenciement définitif est posée à la place de son courrier. C'est l'angoisse.

Pourquoi? M. X. se trouve dans une situation d'arrêt des plans, sans aucune possibilité immédiate de s'engager dans une autre action : l'événement le prend de court. Ses schémas de traitement de l'information n'avaient pas prévu ce problème.

Devant cette situation imprévue, notre homme cherche de tout côté une issue, une action qui lui permettrait de sortir de cette impasse.

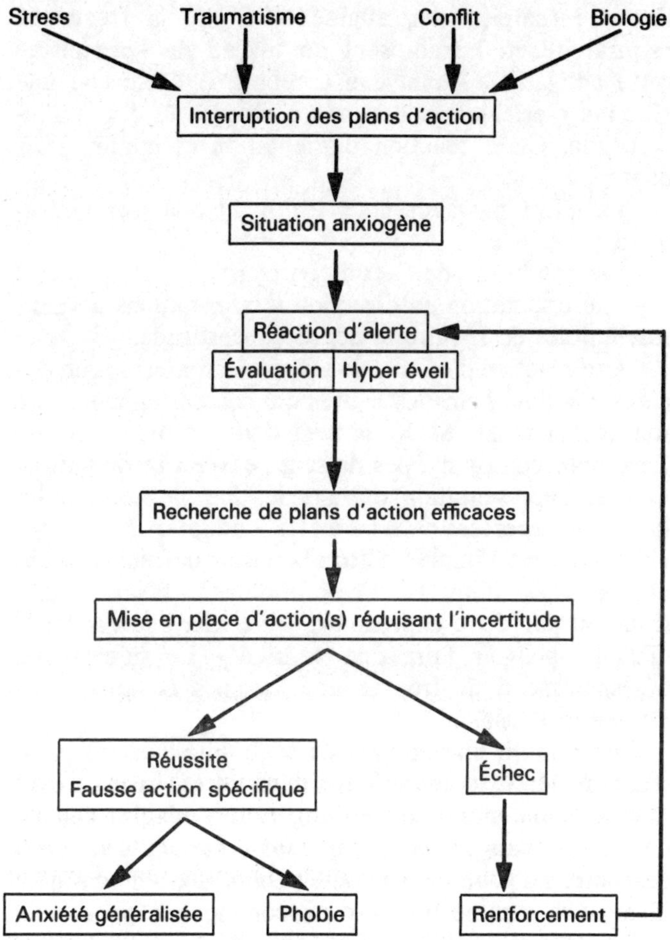

(D'après D. Widlöcher)

Une réaction d'alerte se déclenche : son système nerveux se met en état d'hyper-éveil. Les symptômes de l'anxiété (palpitations, augmentation de la fréquence respiratoire, etc.) traduisent au niveau de l'organisme cette activation. Au niveau cérébral se déclenche une réaction d'orientation destinée à réduire le degré d'incertitude. Cette réaction d'orientation comprend trois phases :

– un effort passager pour traiter et analyser l'information nouvelle,

– une inhibition de l'action en cours,

– une orientation en direction d'informations à venir, susceptibles de réduire le degré d'incertitude.

Cette réaction d'orientation renforce l'interruption des plans d'action. Dans les heures qui suivent l'annonce de son licenciement, M. X. se sent dans un monde irréel. Cette information n'a pas de sens : elle est incompatible avec sa représentation du monde. Par la suite, il lui faudra intégrer cette donnée et s'y adapter. Mais pour l'instant, c'est l'impossibilité d'intégrer ces données qui provoque l'anxiété. Le Pr D. Widlöcher résume cette situation par cette expression : « Ne rien pouvoir faire, mais ne pouvoir faire que ce rien. » Le sujet tente, désespérément, de trouver une action spécifique, mais n'y parvient pas.

Pour rétablir un semblant de continuité dans ses plans d'action, M. X. va tenter d'assimiler cette situation inattendue à une situation de danger. Il y réagira comme devant un danger réel : son comportement sera celui rencontré au cours de l'anxiété généralisée s'il considère la menace comme flottante ou comme une phobie s'il estime la menace focalisée.

S'il se trouve dans l'incapacité de trouver une assimilation, cette impossibilité (ne rien pouvoir faire) se traduit par un renforcement et un maintien de la situation, conduisant à l'attaque de panique.

L'ensemble des courants scientifiques en psychologie et en biologie se retrouve dans un tel schéma. Les entrées dans la situation anxiogène sont au moins au nombre de quatre : les psychanalystes retrouveront dans le conflit intrapsychique un mécanisme d'interruption des plans d'actions psychologiques; les comportementalistes verront dans le stress et les traumatismes une cause de l'arrêt des plans; les cognitivistes expliqueront que le sujet a interprété la situation comme un danger; enfin les biologistes retrouveront dans les substances paniquogènes une origine au blocage de la transmission d'informations.

CHAPITRE 6

Les maladies de l'anxiété

Le trouble obsessionnel-compulsif (TOC)

Les troubles anxieux nécessitent très rarement une hospitalisation. Si l'une de vos relations vous dit être hospitalisée pour des troubles anxieux, c'est sûrement un TOC. Le TOC est, parmi les différentes pathologies abordées dans cet ouvrage, généralement la plus invalidante.

Richard, un adolescent, était obsédé par l'idée qu'il pouvait tuer son frère cadet. Il n'arrivait pas à chasser cette pensée de sa tête. Il en vint à cacher tous les objets tranchants qui passaient devant sa vue, puis il tenta de s'enfuir de la maison pour ne plus voir son frère.

M. G., un homme d'affaires bien connu sur la place de Paris, devait arrêter régulièrement sa voiture lorsqu'il voyageait, pour vérifier qu'il n'avait pas écrasé un oiseau.

Jean, un autre adolescent, devait se lever le matin au moins trois heures avant de partir à l'école. Dès qu'il sortait de la douche, il se regardait sous tous les angles, puis il pensait être encore sale et retournait se laver. Au bout d'un certain temps, il en arriva à ne plus serrer la main de ses camarades, de peur d'être contaminé.

A l'évidence, ces cas semblent relever de la pathologie. Ils nous semblent étranges mais, une fois de plus, nous avons du mal à voir en quoi ils le sont, probablement parce que, à chaque fois, ils nous semblent explicables.

Le TOC n'a été que récemment rattaché à la clinique de l'anxiété. Il fut pendant de nombreuses années considéré comme une névrose autonome. Nous verrons en quoi il se distingue d'un trouble de la personnalité et pourquoi nous devons le considérer comme une maladie à part entière.

Les pensées obsessionnelles et les rituels constituent ses caractéristiques principales.

Mlle R. est âgée de vingt-huit ans lorsque son psychiatre l'adresse en unité hospitalière pour troubles dépressifs. L'entretien est rendu difficile par le fait qu'elle répète souvent la dernière phrase de la réponse aux questions, en demandant si elle a bien répondu : « Quel âge avez-vous? – J'ai vingt-huit ans. » Une pause. « Vous ai-je bien dit que j'avais vingt-huit ans? – Oui. – Vous êtes bien sûr que je vous l'ai dit? », etc. Peu après son admission, l'équipe apprendra que son appartement est jonché de détritus. Elle ne parvient pas à jeter quoi que ce soit : elle dit que sa peur d'entrer en contact avec la saleté l'empêche de la toucher. Auparavant elle en était arrivée à prendre plusieurs dizaines de douches par jour pour se débarrasser de ses impuretés. Sa pensée est envahie par des problèmes de propreté. Pendant un temps, elle tournait deux ou trois fois la main autour de sa figure pour ne plus y penser. Elle savait bien que cela n'aurait aucun effet mais elle ne pouvait s'en empêcher. Depuis trois ans que sa maladie évolue, Mlle R. a déjà tenté, par deux fois, de se suicider.

Le syndrome obsessionnel est constitué de deux grandes catégories de symptômes : les obsessions et les compulsions.

Le langage courant a quelque peu dévoyé le sens de l'*obsession.* Quand on parle d'un obsédé, c'est l'adjectif « sexuel » qui s'y rajoute le plus souvent. S'il s'agit réellement d'un type d'obsession, ce n'est pas le seul.

L'obsession correspond à l'irruption dans la pensée d'un sentiment ou d'une idée dont le sujet reconnaît le caractère déplaisant. Il tente alors par tous les moyens d'y échapper.

Il existe plusieurs types d'obsessions : certaines renvoient à des pensées (obsessions idéatives), d'autres à des comportements (obsessions impulsives) comme le cas de Richard, ou à des peurs (obsessions phobiques) comme le cas de Jean. Les tableaux des pages suivantes résument les pensées obsédantes les plus fréquentes.

Les obsessions idéatives sont les plus fréquentes, et ne recouvrent pas systématiquement un caractère pathologique. Elles correspondent à l'émergence de mots, de chiffres, d'idées abstraites ou concrètes qui entraînent de longs monologues intérieurs : qui d'entre nous n'a pas eu un air qui lui trottait dans la tête toute la journée et dont il n'arrivait pas à se débarrasser?

Les obsessions impulsives représentaient un réservoir inépuisable pour les surréalistes. Il s'agit de la crainte angoissante de commettre un acte blasphématoire, obscène, immoral ou criminel. C'est bien sûr les sujets les plus à cheval sur les principes qui en sont victimes. Une patiente très religieuse ne pouvait ainsi entrer dans une église sans craindre de toucher le sexe du Christ.

Enfin, les obsessions phobiques concernent la peur de la contamination, de la souillure, de la pollution. On raconte que Michael Jackson ne se promène jamais sans mettre de gants...

LISTE DES PENSÉES OBSÉDANTES
LES PLUS FRÉQUENTES
(d'après Bouvard et coll.)

SÉVÉRITÉ DU PERFECTIONNISME	
VÉRIFICATION	Je pense avoir oublié de fermer le gaz, l'eau, l'électricité et les portes. Je me sens obligé(e) de relire ou de (ré)écrire pour être sûr de moi. Je doute de ce que je fais au point de vérifier les choses plus d'une fois. J'ai peur d'avoir oublié quelque chose, aussi je récapitule sans cesse ce que je fais.
PROPRETÉ	Je me sens obligé(e) de relaver le linge dès qu'il touche mes vêtements ou qu'il m'échappe des mains. Je me sens obligé(e) de laver tout ce qui vient de l'extérieur. Je me sens obligé(e) d'enlever la moindre poussière sur les meubles ou par terre, dès que j'en vois une et quel que soit le moment.
GOÛT DE L'ORDRE	Je fais très attention à ce que les objets et les meubles aient toujours la même position.
SENS PATHOLOGIQUE DE LA RESPONSABILITÉ	
	Je suis responsable de ce qui va mal dans le monde. J'ai l'impression d'avoir causé du tort aux autres. J'imagine que je pourrais nuire à moi-même ou aux autres, cette pensée survenant sans aucune raison.

AUTRES PENSÉES

– Je pense que je risque d'être contaminé(e).

– Je suis préoccupé(e) par la pensée que je pourrais avoir des gestes en public.

– J'ai des phrases conjuratoires (compter, dire des phrases) pour éviter qu'il n'arrive des catastrophes à d'autres personnes.

– Je ne peux voir un couteau ou un autre objet dangereux sans être préoccupé(e) par la pensée de blesser les autres.

– Je me sens obligé(e) de compter mentalement ou d'énumérer certains objets.

Les *compulsions* sont en acte ce que les obsessions sont en pensée. Elles représentent parfois des tentatives pour échapper à l'emprise des obsessions, mais il arrive que ce besoin de réaliser un comportement s'impose tout seul à l'individu. Le sujet lutte tout d'abord pour ne pas le faire, puis agit à son corps défendant; il se sent alors un peu détendu, mais ce n'est que passager : la lutte anxieuse reprend ensuite rapidement.

Ces actes, absurdes, sont habituellement ritualisés. Les plus fréquents sont les rituels de lavage et de vérification.

Un patient avait besoin de redescendre systématiquement tous les soirs pour vérifier que son poste autoradio était bien éteint. Il savait parfaitement que couper le contact de son véhicule entraînait l'interruption de tout le circuit électrique. Ce qui ne l'empêchait pas de devoir descendre vérifier. Un soir il a compté vingt-deux allers-retours!

Nous observons donc régulièrement le même enchaînement : des obsessions surgissent dans la pensée, elles entraînent un comportement (compulsions) auquel l'individu tente de répondre par une résistance (lutte anxieuse). Parfaitement lucide, l'obsédé est conscient de perdre son temps et sa vie, il se culpabilise de ne pas pouvoir se guérir seul. Est-il alors étonnant que 50 % des patients porteurs de TOC vus en consultation soient déprimés ?

Trois tableaux distincts ont été décrits, rendant compte de cette séquence d'événements.

La peur de la saleté : l'obsession dominante est la contamination par la saleté et les microbes. Le comportement (compulsion) qui s'y rattache vise dans un premier temps à les éliminer (rituels de lavage), puis à les éviter. L'obsédé s'écarte donc des toilettes publiques, refuse de toucher les détritus, les objets sales ou potentiellement sales.

Cet aspect clinique devient parfois difficile à différencier des phobies si l'on ne connaît pas le cheminement des pensées qui y a mené. Ce sont surtout les femmes qui présentent un tel tableau : environ 70 % des cas.

Le doute : l'obsession est un doute pathologique. Incapable de faire confiance à ses propres sensations, le patient adopte un comportement de vérification : il compte et recompte sans cesse, refait ses listes à la recherche de la moindre erreur. Ce sont les hommes qui sont les plus nombreux dans ce cas : environ 70 % de ce mode d'expression.

Tout contrôler : ce sont les cas où les obsessions se mêlent aux compulsions (obsessions-impulsions). L'individu a peur de commettre des actes répréhensibles : c'est la mère qui a peur en permanence de lâcher son enfant dans l'escalier, l'homme qui craint de sortir dans la rue de peur de se sentir obligé de se jeter sous une voiture. C'est dans ce groupe que se range l'aspect populaire de l'obsédé : pensées répugnantes, sexe, etc. L'individu tente alors de tout contrôler pour ne pas se laisser aller à ce qu'il pense ne pas pouvoir dominer. Ce comportement de refuge dans l'hypercontrôle se trouve souvent rapidement débordé et les patients basculent dans la dépression. Dans ce cas, les hommes et les femmes s'équilibrent : 50-50.

Le tableau ci-dessous résume les principales caractéristiques de ce trouble.

LE TOC EN DEUX MOTS : OBSESSION ET COMPULSION

OBSESSION	Idées, pensées, images, c'est-à-dire toutes les représentations mentales qui sont ressenties comme faisant irruption dans la conscience du sujet et que celui-ci trouve absurdes (du moins au début). Le sujet fait des efforts pour s'en débarrasser : il tente de les ignorer (pense à autre chose) ou lutte contre elles, ou agit en espérant que l'acte annulera ces pensées. Le sujet est tout à fait conscient que ces pensées viennent de lui (ce n'est pas de la télépathie !).
COMPULSION	Comportements dont le but est de combattre les obsessions. Ces comportements sont toujours stéréotypés (toujours les mêmes en réponse à une même idée). Ces comportements n'ont souvent aucun rapport avec les pensées. Le sujet est conscient de toute cette absurdité.

Il a pendant longtemps été difficile de cerner avec précision les contours de cette terrible maladie en raison de la confusion entre caractère obsessionnel et TOC.

Ce que l'on dénomme habituellement *caractère obsessionnel* est un ensemble de traits de personnalité où dominent, à des degrés et dans des proportions variables, la rigidité, le perfectionnisme, l'obstination et l'indécision.

A l'inverse du TOC, qui se présente comme touchant des domaines de la pensée et du comportement bien limités, le caractère obsessionnel est un trouble de la personnalité qui envahit tout le champ de conscience de l'individu.

Les exemples de caractère obsessionnel ne manquent pas. Le langage courant a l'habitude de les appeler des « maniaques ». Léon Zitrone témoigne ainsi, dans son livre *Big Léon,* de sa méticulosité à préparer un commentaire, amassant détails sur détails. Yves Montand montrait systématiquement le même souci dans l'organisation de ses spectacles.

On a pendant longtemps pensé que seuls les sujets possédant déjà un caractère obsessionnel pouvaient développer par la suite un TOC. On estimait également que le TOC, tel que nous venons de le décrire, était une pathologie rare. Des estimations datant du siècle dernier n'indiquaient pas une fréquence supérieure à 0,05 % de la population.

Les plus récentes études vont à l'encontre de ces statistiques.

Le TOC toucherait de 1,5 à 3 % de la population française, soit un minimum de 700 000 personnes. Autant que la maladie de Parkinson.

Par ailleurs, on évalue à moins d'un tiers le taux de caractère obsessionnel préexistant à l'éclosion d'un TOC. En somme, presque tous les caractères peuvent voir se développer un TOC.

Les phobies simples

Mme G., une jeune femme de vingt-cinq ans, mariée depuis trois ans et bientôt mère d'un second enfant, ne supportait pas l'orage. En réalité, c'étaient surtout les éclairs qui la terrorisaient. Lorsqu'il lui a été demandé ce qui l'effrayait dans ces éclairs, elle fut incapable de le dire : ayant poursuivi ses études jusqu'à l'université, elle savait pertinemment que le paratonnerre installé sur le toit de la mairie, proche de son domicile, la protégeait contre tous risques d'être foudroyée. Il n'empêche qu'elle se réfugiait à chaque fois dans la pièce la plus éloignée des fenêtres (les toilettes).

Son mari commençait à ne plus pouvoir supporter cette situation : depuis quelque temps, Mme G. présentait des crises d'angoisse dès que le temps commençait à se gâter. Elle demandait alors à son mari et à son fils de rester près d'elle jusqu'à ce que le temps redevienne plus clément.

M. J. se présente en consultation dans le courant du mois de mai, peu avant les grandes vacances. Il bénéficie d'une chance peu commune : une partie de sa famille est partie vivre pendant plusieurs années en Extrême-Orient et l'invite à passer les mois de juillet et d'août à visiter le pays et à se prélasser sur les plages. Malheureusement M. J. ne peut accepter cette alléchante proposition. Après avoir pris l'avion durant toute son enfance, c'est au cours d'un vol Paris-Nice qu'une sensation de panique l'a envahi. Un médecin était présent dans l'avion, et il avait fallu lui administrer des sédatifs pour le calmer. Depuis, M. J. est terrorisé à l'idée de monter dans un avion. Il reconnaît volontiers le caractère absurde d'une telle peur mais déclare ne rien y pouvoir. L'an dernier, pour rejoindre des amis en Corse, il est descendu de Paris en train puis a pris le bateau.

Les phobies simples représentent les peurs, plus ou moins fondées, d'objets ou de situations. Ainsi, sous l'effet d'un stimulus spécifique, le sujet va présenter des réactions anxieuses paroxystiques, identiques à celles rencontrées au cours des attaques de panique.

Les descriptions de ce trouble remontent surtout au siècle dernier où, avec une manie toute botanique (qui relève peut-être d'un caractère obsessionnel!), les aliénistes s'étaient mis en devoir de répertorier et de classer toutes les phobies possibles. La peur des chemins de fer (dont souffrait Freud) était ainsi appelée sidérodromophobie, la peur de rougir éreutophobie, la peur des insectes acarophobie, la peur des hauteurs l'acrophobie. Arrêtons là une énumération qui pourrait occuper plusieurs volumes.

Il s'agit probablement de la pathologie anxieuse la plus fréquente puisque les études occidentales (américaines, européennes et françaises) situent sa fréquence au-delà de 10 % de la population. Le plus souvent les phobiques ne consultent que lorsque ces phobies ont entraîné des troubles dépressifs ou lorsqu'elles sont devenues très gênantes comme dans l'exemple décrit plus haut. La plupart gardent une petite phobie pendant des années sans en parler à personne.

Il est également fréquent que les phobies ne soient pas limitées à un seul objet. Les patients phobiques présentent souvent des réactions de panique face à plusieurs situations bien délimitées. Si bien qu'ils organisent leur vie autour de l'évitement de ces situations. La plupart y parviennent fort bien, au prix d'une limitation de leurs activités. C'est la raison pour laquelle ils ne submergent pas les cabinets médicaux.

Les phobies les plus fréquentes seraient les phobies des animaux, la phobie du sang, la peur du dentiste, et la peur de rester enfermé dans des espaces clos (claustrophobie).

Les phobies sociales

« L'enfer, c'est les autres », écrit Sartre dans *Huis clos*. Tous ceux qui souffrent de phobies sociales pourraient en témoigner.

Nous avons tous vécu un jour cette paralysie au moment de prendre la parole : l'école en constitue le théâtre classique et l'estrade de l'instituteur la scène de choix.

Le trac peut arriver à tout le monde. Nous avons l'impression que nous sommes préparés à cette épreuve. D'ailleurs, souvent, nous n'avons même pas conscience de la potentialité d'un accident. Mais le moment venu, nos forces se liquéfient, notre assurance s'effondre, en un mot c'est la panique!

Mlle V. avait réussi à franchir la porte de la consultation d'un service de psychiatrie, et c'était déjà une première victoire. Elle avait si honte de ses troubles qu'elle n'osait pas en parler. Au cours du premier entretien, elle mit en avant un trouble dépressif : elle n'arrivait plus à s'endormir avant deux ou trois heures du matin, son appétit faisait comme des montagnes russes (des hauts et des bas), elle se sentait triste. Elle dit que tout cela datait déjà de plusieurs mois mais que depuis trois semaines, c'était insupportable. Le matin elle n'arrivait plus à se réveiller et comme elle était étudiante, elle ratait beaucoup de cours. L'année lui semblait bien compromise.

Il fut impossible de mettre en évidence un facteur déclenchant à ces troubles dépressifs; visiblement, Mlle V. était réticente. Fille unique d'industriels de province, elle était venue à Paris faire des études de droit. Ayant échoué à sa première tentative, elle recommençait cet automne sa première année.

Jusque-là, tout avait semblé lui sourire. C'est du moins ce qu'elle déclara au cours de cette première consultation.

Une scolarité assez brillante et de nombreux amis auraient pu témoigner d'une histoire calme.

C'est parfois sur le pas de la porte que se font les révélations. Au moment de partir (elle était déjà debout), elle dit qu'elle devait se dépêcher car c'était son tour de présenter en travaux pratiques les résultats de son groupe. Elle fondit alors en larmes. La perspective de devoir se trouver face à une classe la remplissait d'angoisse.

Après s'être rassise, elle raconta l'histoire de ce trac qui bouleversait sa vie. Lorsqu'elle était encore au lycée, parler au public ne représentait pas une grande difficulté, mais ce n'était pas non plus un vrai plaisir. C'est au cours de l'année précédente que Mlle V. avait commencé à ressentir les premiers signes. Peu après les congés du nouvel an, elle s'était proposé de faire un exposé. Elle avait répété son travail devant les étudiants de son groupe. Arrivée sur l'estrade, elle n'avait pu articuler un mot. Son cerveau était comme vide, ses membres sans réponse. Elle avait ressenti pour la première fois cette sensation de picotement derrière la nuque qui ressemble à une bouffée de sueurs froides, suivie de la gorge qui se noue.

A la surprise générale, elle avait quitté la pièce. Les troubles avaient pris une tournure étrange. Mlle V. évitait par la suite toute nouvelle rencontre. Alors qu'elle n'avait auparavant aucune difficulté pour sortir ou pour parler en public, elle essayait d'éviter le plus possible ces situations. A chaque fois qu'elle devait faire un nouvel exposé pour son groupe de travaux pratiques, elle prenait des tranquillisants. Mlle V. trouvait ce comportement ridicule mais elle n'arrivait pas à s'en dispenser.

Mlle V. présentait une dépression secondaire à un trouble phobique. Au départ assez focalisé sur une situation bien particulière, parler en public, cet état avait fini par envahir l'ensemble de sa vie psychique.

La peur persistante d'être et de rester dans une situation à caractère social dans laquelle le sujet est exposé à l'observation d'autrui en représente le nœud central. Il craint de ne pouvoir faire face à la situation. C'est

PEURS LES PLUS SOUVENT RENCONTRÉES AU COURS DES PHOBIES SOCIALES

Parler en public

Manger en public

Boire en public

Écrire devant quelqu'un d'autre

Rougir face à d'autres personnes

Manger devant quelqu'un d'autre

Être regardé lorsqu'on fait quelque chose

Rencontrer des personnes que l'on considère comme ayant une autorité

Être présenté à quelqu'un

Avoir des visiteurs à la maison

Utiliser le téléphone

ainsi l'orateur débordé par le trac, celui qui n'arrive pas à uriner dans les toilettes publiques, celui qui tremble quand un autre le regarde écrire (cf. tableau ci-dessus). On peut lui rattacher un certain nombre de conduites et de difficultés sexuelles.

Il s'agit de l'exemple le plus frappant du paradoxe de l'anxiété : elle devrait nous imposer l'action et elle nous paralyse.

Il existe en réalité deux types d'anxiété sociale : l'anxiété de performance et l'anxiété en situation sociale.

Le trac

L'anxiété de performance est assimilable au trac. Il n'y a pas de mise en situation sociale à proprement parler : le sujet est seul face à un public et c'est le regard de cet interlocuteur qui va entraîner les réactions pathologiques.

Il s'agit d'un complexe émotionnel très fréquent qu'il est difficile de considérer systématiquement sous l'angle de la pathologie. Certains sont soumis au trac toute leur vie, et finissent par lui trouver des avantages.

L'acteur Jean-Pierre Darras est, comme la plupart des hommes de scène, soumis à l'obligation de paraître. On pourrait croire que l'habitude de se montrer au public lui a enseigné l'art et la manière de gérer ce stress et l'anxiété qui en découle. Voici comment il s'exprime au cours d'une interview réalisée par le Dr Ph. Truffinet.

L'un de ses amis étant décédé, on demande à J.-P. Darras, peu avant la cérémonie, de lire l'Évangile. « J'ai eu le trac, comme à une générale. J'ai dit : " Envoyez-moi le scénario, que je le lise avant " et j'ai répété. »

Le Dr Truffinet demande ensuite de décrire les réactions émotionnelles du comédien au théâtre. « D'abord, il y a un trac effroyable (...). Le trac, avec l'âge, évolue. Il devient pire et moindre. Pire car on veut toujours faire mieux, et on n'est jamais content. Mais il ne peut pas être paralysant. Il passe dans les dix minutes. Le fait de l'avoir donne une délectation morose : le plaisir de l'acte de volonté *. »

Ainsi cette anxiété de performance, ce trac, est liée en général à un seul type de situation où l'individu est au centre de l'attention.

---

* Presque tous les comédiens disent ressentir le trac, même après des années de métier. On peut se demander s'il n'y a pas là une part de snobisme, depuis le célèbre mot de Sarah Bernhardt. On raconte qu'elle répondit à une jeune actrice qui lui disait ne pas ressentir le trac : « Ne vous inquiétez pas, ça viendra, avec le talent... »

« En public, je flippe »

L'anxiété en situation sociale implique une relation interpersonnelle. Nous sommes invités à une soirée, ou engagés dans une réunion et nous devons prendre la parole, non devant un public mais en réponse à une sollicitation personnelle. C'est de cette nécessité de parler et de répondre dans une communication égalitaire que naît le trouble. Le phobique se sent évalué, et plutôt mal évalué. Comme habituellement il attribue une grande valeur à son interlocuteur, il se sent encore plus dévalorisé. Progressivement s'installe la peur d'avoir peur : le phobique évite ces situations. Par ailleurs, le sujet craint que les autres ne se rendent compte de la gêne qu'il éprouve.

Nous avons souvent du mal à nous figurer l'image que nous renvoyons à nos interlocuteurs. Nous ne nous voyons pas au moment où nous nous engageons dans une relation et nous sommes forcés de faire un effort d'imagination. Le système de pensées qui se déclenche ne peut être lié qu'à la perception intuitive et à l'interprétation que nous donnons aux événements.

La plupart du temps nous n'y faisons même pas attention. Un enchaînement de pensées automatiques aboutit à une réaction émotionnelle avant même que nous ayons eu le temps de nous en apercevoir. Notre cerveau parvient à réduire le niveau éventuel d'anxiété par les mécanismes appropriés (comme un ordinateur, il « traite » l'information).

Dans le cas d'une phobie sociale, ce système fonctionne mal. Les perceptions de l'environnement sont certes correctes (les yeux voient, les oreilles entendent, le nez sent, etc.) mais leur interprétation est erronée.

Le phobique se sent en situation permanente de danger. Il confond interprétation et perception des signaux extérieurs.

Le cercle vicieux s'installe et l'individu ne peut plus en sortir. En général, les phobiques sont conscients de la nature excessive et irrationnelle de leur comportement, ils perdent toute vie sociale.

Un bel exemple de cette descente aux enfers nous est offert par J.-J. Rousseau, lorsqu'il se décrit dans *Les confessions.*

Si peu maître de mon esprit seul avec moi-même, qu'on juge de ce que je dois être dans la conversation, où, pour parler à propos, il faut penser à la fois et sur-le-champ à mille choses.

La seule idée de tant de convenances, dont je suis sûr d'oublier au moins quelqu'une, suffit pour m'intimider. Je ne comprends pas même comment on ose parler dans un cercle : car à chaque mot il faudrait passer en revue tous les gens qui sont là; il faudrait connaître tous leurs caractères, savoir leurs histoires, pour être sûr de ne rien dire qui puisse offenser quelqu'un... Dans le tête-à-tête, il y a un autre inconvénient que je trouve pire, la nécessité de parler toujours : quand on vous parle, il faut répondre, et si l'on ne dit mot il faut relever la conversation. Cette insupportable contrainte m'eût seul dégoûté de la société; c'est assez qu'il faille absolument que je parle pour que je dise une sottise infailliblement... Ce détail contient la clé de bien des choses extraordinaires qu'on m'a vu faire et qu'on attribue à une humeur sauvage que je n'ai point. J'aimerais la société comme un autre, si je n'étais sûr de m'y montrer non seulement à mon désavantage, mais tout autre que je suis. Le parti que j'ai pris d'écrire et de me cacher est précisément celui qui me convenait. (Livre III)

Ces phobies sociales seraient-elles assimilables à de la timidité?

SYMPTÔMES PERMETTANT D'AFFIRMER UNE PHOBIE SOCIALE	
ASPECTS SUBJECTIFS	1. Peur persistante d'une ou plusieurs situations dans lesquelles le sujet est exposé à l'éventuelle observation d'autres personnes et dans lesquelles il craint d'agir de façon humiliante. 2. Ces situations sont vécues avec une anxiété intense. 3. Le patient se rend compte de l'absurdité de son comportement.
CONSÉQUENCES SUR LE COMPORTEMENT	Précipitation (débit rapide) Agitation (balancement du corps) Mouvement des pieds Tremblements des genoux Mouvements inadaptés des bras et des mains Bras rigides Mains cachées (dans les poches, derrière le dos). Tremblements des mains Peu ou pas de contacts visuels Tension du visage (contraction, tics, grimaces...). Visage figé Rougissement ou pâleur Hypersalivation Éclaircissement de la voix Oppression respiratoire Transpirations (aisselles, visage, mains...) Frémissement de la voix Bégaiement. Fou rire

Nous avons bien vu que ce type de pathologie possédait deux particularités importantes :

– l'anxiété en situation sociale peut apparaître indépendamment de toute personnalité antérieure;

– elle ne se déclenche pas systématiquement mais

seulement lorsque l'individu lui attribue une valeur essentielle. C'est une hypersensibilité aux signaux extérieurs, associée à une interprétation erronée des relations interindividuelles. Cet enchaînement de pensées entraîne par la suite des symptômes qui signifieront pour le patient une performance sociale inadéquate.

L'état de stress post-traumatique

C'est sûrement la pathologie que le sens commun parvient le plus facilement à expliquer : un événement de vie exceptionnellement stressant déclenche un état d'anxiété permanent, comme l'état des passagers après l'écrasement de leur avion ou les « états de choc » à la suite des bombardements.

C'est en fait tout événement majeur qui peut en être l'origine, comme en témoigne le cas de Roger.

Roger est un adolescent de seize ans. Son père travaille comme gardien de nuit dans une usine. Un soir, il décide de lui faire une surprise et va le voir. Faisant le moins de bruit possible, il longe le mur de l'établissement et, dans le noir, ne remarque pas que des lignes à hautes tensions, en réparation, sont actuellement dénudées. En en touchant une, il est immédiatement électrocuté et projeté à plusieurs mètres. Malgré des brûlures sur l'ensemble du bras gauche et au visage, les médecins lui assurent un excellent pronostic : il ne gardera aucune séquelle de l'accident.

Pourtant, deux mois plus tard, il vient en consultation, sur les conseils appuyés de l'assistante sociale de son collège. Son sommeil est constamment agité par le souvenir de l'accident, il s'énerve pour un rien. Ses résultats scolaires sont devenus médiocres. Roger ne supporte plus de voir un appareil électrique. Depuis maintenant deux semaines, il a peur d'attraper toutes sortes de maladies. Ayant vu à la télévision une émission sur les plaies se surinfectant, il craint que son bras ne subisse le même sort (alors qu'il est en voie de cicatrisation définitive). Bien qu'il se rende compte d'une certaine absurdité de cette pensée, il se croit privé de toute défense.

Notons qu'avant cet accident, Roger ne présentait aucun trouble anxieux, ni aucun trouble de la personnalité.

L'état de stress post-traumatique représente le seul état anxieux qui se définit par sa cause. Nous avons bien remarqué que tous les troubles décrits jusqu'à présent trouvaient leur homogénéité par leur seule description, ce qui n'est pas le cas ici : le traumatisme de l'accident paraît si évident pour tout le monde que sa seule présence suffit pour expliquer l'ensemble du tableau.

Nous ne sommes pas très loin des conduites phobiques, à ceci près que la cause semble entendue pour tout le monde.

L'état de stress post-traumatique possède trois caractéristiques.

1. Sa victime reste obnubilée par le souvenir de son accident dans tous ses actes quotidiens. Elle y repense sans cesse (un peu comme les « flash-back » du cinéma).

2. Elle tente d'échapper à ces pensées, un peu à la manière des obsessionnels, à ceci près que le trouble est ici très focalisé sur l'accident. Le traumatisé tente d'éviter tout ce qui pourrait avoir trait à l'accident.

3. Le traumatisé plonge dans un état anxio-dépressif où se mêlent de grandes difficultés pour éprouver des sentiments et une anxiété intense. Les anciens centres d'intérêt (travail, hobbies, etc.) sont délaissés.

Le trouble panique

Les recherches biologiques récentes ont permis de renouveler nos conceptions sur le monde de l'anxiété et d'individualiser le trouble panique. Pourtant la description de l'attaque de panique n'est pas récente. Les médecins du siècle dernier l'avaient déjà parfaitement repérée.

Krishaber décrivit ces attaques d'angoisse sous le nom de « névropathie cérébro-cardiaque » en 1873 : « Un individu est pris, au milieu d'une occupation quelconque et sans aucun épiphénomène, d'une sensation particulière à la tête, comme une bouffée ou un flot qui monte, instantanément il survient de l'obnubilation des sens, des bourdonnements d'oreille, de la photopsie en même temps qu'une angoisse à la région du cœur accompagnée de palpitations, d'un malaise excessif et d'une impressionnabilité générale. Simultanément, ou bien quelques moments après, apparaissent des vertiges, de la titubation, et quelques fois de la paraplégie; le malade tombe alors (...). Quelquefois de la défaillance ou une syncope se produisent au même moment. Les premiers phénomènes s'amendent quelque peu, mais ils réapparaissent le même jour ou le lendemain, et en tout cas peu de jours après, avec plus de violence et sans que les premiers symptômes aient disparu dans l'intervalle. »

L'attaque de panique correspond à la même description : c'est un événement soudain, brutal, dominé par une sensation de terreur. Sa victime est prise d'essoufflement, de palpitations, elle tremble, transpire, claque des dents, pense que sa dernière seconde est arrivée.

Krishaber avait parfaitement saisi ce que nous décrivons désormais dans les quatre types de manifestation de ces crises : subjectives, somatiques, psychosensorielles et comportementales.

Des manifestations subjectives

Mme O. était dans sa cuisine, lorsque, soudainement, elle eut l'impression que la casserole qu'elle tenait dans la main lui échappait. Elle pensa immédiatement que c'était le signe d'une catastrophe imminente. Elle eut peur de ne plus maîtriser ce qu'elle était en train de faire, et reposa le plus doucement possible cette casserole qui semblait vouloir obtenir sa propre autonomie. Peu après les autres manifestations de la crise de panique apparurent, et pendant toute sa durée, Mme O. pensa qu'elle avait bien fait de reposer cette casserole, sans quoi, toute sa famille aurait pu mourir.

Les manifestations subjectives d'une crise panique sont toujours présentes. Seule leur intensité peut varier.

On retrouve habituellement deux types de manifestations subjectives : les premières sont floues, imprécises (impression de malaise ou d'anéantissement), les secondes sont claires et nettes, comme l'impression de devenir fou, ou comme Mme O. de perdre le contrôle de soi-même. Elles ont alors souvent un rapport direct avec la situation vécue. Ces patients ont souvent peur d'attirer l'attention sur eux, à l'inverse des grandes personnalités théâtrales.

Des symptômes physiques

M. Y., un jeune homme gabonais d'une trentaine d'années, était souvent pris d'un malaise qui se déroulait toujours selon le même scénario. Il ressentait d'abord des palpitations, puis se sentait essoufflé, puis commençait à ressentir des douleurs au niveau du sternum (l'os plat au milieu des côtes). La douleur devenait rapidement intolérable au point que, parfois, M. Y. perdait connaissance. M. Y. avait déjà plusieurs fois été hospitalisé en urgence. Tous les bilans s'étaient révélés normaux.

Le cardiologue était perplexe. La constance dans l'évolution de la crise lui suggérait une maladie organique. De plus, M. Y. n'avait rien d'un individu « théâtral ». Quand il décrivait ses symptômes, on voyait bien qu'il n'en rajoutait pas.

Les principaux symptômes physiques de la crise d'angoisse sont résumés dans le tableau ci-dessous.

PRINCIPALES MANIFESTATIONS PHYSIQUES DES CRISES D'ANGOISSE

Tachycardie, palpitations (mon cœur bat trop vite ou trop fort)
Tremblements
Sueurs
Sensations de froid et de chaud
Sensations de vertige
Douleurs thoraciques
Diarrhée
Picotements, impression de marcher sur du coton

Il est assez fréquent que ces manifestations soient le seul motif de consultation. Les manifestations subjectives de la crise sont en fait toujours présentes, mais le patient les présente souvent comme consécutives aux manifestations physiques. Il est normal de penser qu'on va mourir lorsque les palpitations et les douleurs n'évoquent pour vous qu'un seul diagnostic : l'infarctus du myocarde.

Ce sont les services de médecine spécialisée qui voient ces patients. Les erreurs d'orientation se font le plus souvent vers les services de cardiologie (en raison des palpitations, des douleurs thoraciques), de pneumologie (à cause de l'essoufflement), d'ORL (vertiges) ou de gastro-entérologie (diarrhée, nausée, douleurs abdominales paroxystiques).

« Je crois que je deviens fou »

Notre Mme O., qui avait peur de provoquer un cataclysme avec sa casserole, présenta un autre jour des symptômes qui l'amenèrent à voir un neurologue.

Toujours dans sa cuisine (elle exerce le métier de cuisinière), elle eut un soir la sensation, comme Alice au pays des merveilles, que ses pieds se faisaient de plus en plus petits, que sa tête s'en éloignait. Regardant ses mains et ses bras, elle eut la désagréable impression qu'ils s'allongeaient. Tout à fait consciente de l'irréalité de cette scène qui dura quelques minutes, elle décida de consulter le plus rapidement possible.

Ces symptômes lui semblaient si étrangers aux manifestations émotionnelles de la crise d'angoisse que, pas une minute, elle ne songea à contacter notre consultation où nous l'avions vue une première fois.

Ces manifestations, que nous dénommons psychosensorielles, bien que très fréquentes, dominent rarement le tableau d'une attaque d'angoisse, mais, une fois de plus, elles prennent le masque d'une autre spécialité, ici la neurologie (ces manifestations peuvent donner le change avec une crise d'épilepsie).

Les symptômes que ressentait Mme O. sont parmi les plus fréquents. Il s'agit de dépersonnalisation : les patients ont une impression de perte des limites corporelles, de bizzarerie intérieure. Parfois il s'y associe une déréalisation : le monde extérieur apparaît alors soudainement étrange, comme vu par le filtre d'un rêve.

La crise cachée

Jeanne, une jeune femme de vingt-deux ans, présentait des attaques de panique depuis deux ans lorsqu'elle vint en consultation pour la première fois.

Comme nous nous étonnions qu'elle eût attendu aussi longtemps pour venir, elle répondit que ces troubles lui faisaient honte. A chaque fois qu'elle sentait venir ses crises, elle recherchait le plus rapidement possible un endroit pour se cacher afin que nul ne soit au courant. Ces crises lui paraissaient un non-sens, et ce n'est que parce que cette maladie était en train de lui empoisonner la vie

DESCRIPTION DU TROUBLE PANIQUE
avec et sans agoraphobie
(d'après le DSM-III)

A. *Survenue, à un moment quelconque du trouble, d'une ou de plusieurs attaques de panique* (périodes bien délimitées de crainte ou de malaises intenses) :

(1) imprévisibles, c'est-à-dire ne survenant pas immédiatement avant ou pendant l'exposition à une situation qui provoque l'anxiété dans la plupart des cas et

(2) non déclenchées par des situations dans lesquelles le sujet est observé attentivement par autrui.

B. *Au moins quatre attaques,* répondant à la définition du critère A, en l'espace de quatre semaines, ou plusieurs attaques suivies d'une période d'au moins un mois comportant une crainte persistante d'avoir une nouvelle attaque.

C. *Survenue d'au moins quatre des symptômes suivants au cours d'une des attaques de panique :*

1. sensations de « souffle coupé » (dyspnée) ou sensations d'étouffement
2. étourdissements, sensations d'instabilité ou impression d'évanouissement
3. palpitations ou accélération du rythme cardiaque (tachycardie)
4. tremblements ou secousses musculaires
5. transpiration
6. sensation d'étranglement
7. nausée ou gêne abdominales
8. dépersonnalisation ou déréalisation
9. sensations d'engourdissement ou de picotement (paresthésie)
10. bouffées de chaleur ou frissons
11. douleur ou gêne thoracique
12. peur de mourir
13. peur de devenir fou ou de commettre un acte non contrôlé.

D. *Au cours de certaines des attaques* au moins, quatre au minimum des symptômes énumérés dans le critère C sont survenus de façon brutale et ont augmenté en intensité dans les dix minutes succédant à l'apparition du premier de ces symptômes.

E. *Il ne peut pas être établi qu'un facteur organique,* par exemple, une intoxication à la caféine ou aux amphétamines, une hyperthyroïdie, a initié ou maintenu la perturbation.

qu'elle s'était décidée à prendre l'avis d'un spécialiste.

Contrairement à ce que l'on appelle communément « la crise d'hystérie », les crises de panique sont rarement spectaculaires. Il n'y a pas de cris, pas de chute brutale. Le plus souvent, le patient fait tout ce qu'il peut pour ne pas être remarqué.

Ce comportement favorise les auto-médications et l'alcoolisme. Pour que nul ne soit au courant, les patients tentent de trouver par eux-mêmes le remède miracle. Ils consomment alors parfois un nombre impressionnant de tranquillisants, qui ne sont que transitoirement efficaces, ou de l'alcool, ce qui les mène à une dépendance encore plus forte.

D'autres patients utilisent pour se rassurer certains objets. Ces derniers deviennent pour eux un signal de sécurité. Ce sont parfois une bague ou un bracelet qui rappellent quelqu'un ou quelque chose, des médailles religieuses, parfois plus simplement un paquet de cigarettes.

Certains diront que ces manifestations paroxystiques ne représentent qu'un phénomène finalement banal. Après tout, qui n'a pas été pris d'un accès d'angoisse au moins une fois dans sa vie? Ils auront en partie raison : 25 % des personnes interrogées dans un sondage récent constatent qu'elles ont subi une attaque de panique au cours des trois derniers mois.

L'anxiété anticipatoire

Ce qui fait la particularité du trouble panique, c'est son renouvellement. Les patients voient au fil des semaines se répéter ces crises d'angoisse. Elles finissent par devenir une véritable obsession. Toutes les activités sont perturbées. Le patient prend sans cesse des précautions. Craignant qu'il ne lui arrive des crises, il limite son activité, évite de sortir (agoraphobie) et vit dans la crainte d'avoir une nouvelle attaque. Ayant peur d'avoir peur, il vit dans un climat d'insécurité permanent.

Cette sensation de tension permanente est appelée anxiété anticipatoire. Elle se développe dans plus de 90 % des cas.

Le tableau suivant résume l'évolution caractéristique des troubles anxieux paroxystiques (d'après J.-P. Boulenger et coll.).

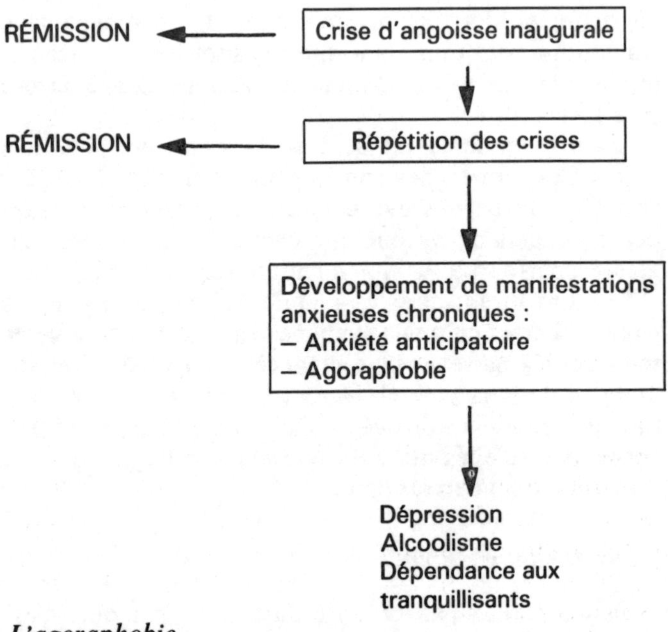

L'agoraphobie

Les attaques de panique font parfois le lit de l'agoraphobie.

En 1981, Carly Simon présenta sa première attaque de panique, sur scène, devant plusieurs milliers de spectateurs.

Répondant à un journaliste du *New York Times,* voici ce que répondit la célèbre chanteuse américaine :

« J'avais le choix entre deux possibilités, je pouvais quitter la scène immédiatement et dire que j'étais malade, ou dire au public la vérité. J'ai décidé de dire à la salle que j'avais une attaque d'anxiété. Les gens furent extraordinaires. Ils me dirent : " Vas-y, nous sommes avec toi. " Mais le soutien du public ne peut pas vous être d'un grand secours. Deux chansons plus tard, mon cœur battait toujours aussi fort. »

Désespérée, Carly Simon invita quelques personnes à venir sur scène.

« Environ cinquante personnes, et ce fut très dynamisant, ils se mirent autour de moi et dirent " nous t'aimons, nous voulons que tu parviennes à terminer le spectacle! ". »

Elle termina la représentation, assez mal en point. Elle ne se représenta pas le lendemain, ni les huit années qui suivirent. Ce n'est que vers la fin des années 1980, après avoir accepté de se soigner, qu'elle a pu, de nouveau, retrouver les planches.

Dans les trois quarts des cas environ, les patients agoraphobes ont présenté, préalablement, des attaques de panique. L'agoraphobie (du grec *agora,* place publique, et *phobos,* peur) est le terme désignant la peur des espaces. Le tableau suivant résume les principales peurs rapportées par les patients agoraphobes.

Parfois, comme dans le cas de Carly Simon, ces peurs sont en liaison directe avec les circonstances de la dernière attaque de panique. L'individu craint le retour de l'agent menaçant, que ce soient un voyage en voiture ou les places publiques.

En fait, souvent, ces peurs ne sont pas en relation avec les circonstances elles-mêmes, mais avec le vécu de la crise. Ainsi tel patient ayant eu une attaque dans un lieu en altitude évitera les ponts ou les hauteurs par peur de tomber; la crainte d'attirer l'attention entraînera l'évitement des lieux publics, etc.

PRINCIPALES PEURS RAPPORTÉES PAR LES PATIENTS AGORAPHOBES
(d'après Boulenger et Uhde)

Conduite automobile

Magasins, centres commerciaux

Être dans la foule, faire la queue

S'éloigner de son domicile

Être enfermé (ascenseurs, tunnels, ponts, avions, etc.)

Hauteurs, espaces vides

DESCRIPTION DE L'AGORAPHOBIE

Crainte de se retrouver dans des endroits ou des situations d'où il pourrait être difficile, ou gênant, de s'échapper ou dans lesquelles on pourrait ne pas trouver de secours en cas d'attaque de panique. Cette crainte entraîne une restriction des déplacements ou un besoin d'être accompagné en dehors du domicile; ailleurs, le sujet subit les situations génératrices d'agoraphobie bien qu'elles provoquent une anxiété intense. Les situations génératrices d'agoraphobie correspondent habituellement au fait de se trouver seul en dehors de son domicile, d'être dans une foule ou dans une file d'attente, sur un pont ou dans un autobus, un train ou une voiture. (DSM III, éd. Masson)

Il arrive que les attaques de panique spontanées disparaissent mais que l'agoraphobie persiste; la présentation du stimulus phobogène (déclenchant la peur) peut alors précipiter une crise d'angoisse. Certains patients en arrivent à ne plus sortir de chez eux.

Mme B. est âgée de trente-quatre ans lorsqu'elle vient consulter pour des accès répétés d'angoisse. Son mari est présent lors de ce premier entretien et c'est surtout lui qui a insisté pour que son épouse vienne voir un psychiatre.

La patiente décrit des épisodes d'une durée généralement comprise entre trente et quarante minutes. Ils débutent par un essoufflement, puis Mme B. a l'impression que son cœur bat trop fort mais pas nécessairement trop vite. Les événements s'enchaînent ensuite très vite : sudation, vertiges, tremblements, Mme B. a l'impression qu'elle va mourir.

Ces troubles ont commencé à l'âge de vingt et un ans. Mme B. se souvient avec précision de son premier accès : elle était en train de débarrasser la table, après un repas à la campagne, quand elle s'est mise à trembler. La crise fut ensuite assez typique. Le médecin généraliste alors consulté fit un diagnostic de spasmophilie et prescrit du diazepam (Valium®). Comme Mme B. présenta de nouveau quatre crises durant les six mois qui suivirent, son médecin lui ajouta du magnésium sans que le résultat soit meilleur. Elle continua de présenter huit à dix crises par an pendant huit ans. Son périmètre de vie se réduisait chaque année, mais par chance la clinique où elle exerçait n'était qu'à 300 mètres de chez elle.

Au cours des quatre dernières années Mme B. a présenté environ trois épisodes par mois et sa peur de sortir s'en est trouvée aggravée. La naissance d'une fille trois ans auparavant a été vécue comme une aubaine : Mme B. a pu s'arrêter de travailler et prétexter les soins nécessaires à sa petite fille pour ne plus sortir. Ce qui motivait la consultation spécialisée était alors l'obligation de conduire l'enfant à l'école, ce que le mari ne pouvait faire en raison d'un emploi du temps très chargé.

Spasmophilie et trouble panique

Cette description n'est pas sans rappeler une pathologie bien française, puisque le diagnostic n'est jamais porté hors de nos frontières : la tétanie normocalcique, appelée encore spasmophilie. Il semble, en effet, que les patientes souffrant de cette maladie présentent en réalité un trouble panique.

La plupart des symptômes attribués à la spasmophilie ressemblent à s'y méprendre à ceux que nous avons décrits au cours des manifestations somatiques et subjectives de la crise d'angoisse : contractures, tremblements, douleurs diverses. Il s'y ajoute souvent la peur intense de s'évanouir ou de perdre le contrôle de soi.

La spasmophilie est souvent considérée comme une maladie physique en raison des anomalies soi-disant rencontrées au cours des examens complémentaires.

Une revue de la littérature à ce sujet montre qu'aucune de ces anomalies ne peut en réalité lui être rattachée. Les électromyogrammes n'ont aucune spécificité; le bilan phospho-calcique et le taux de magnésium sont normaux dans la spasmophilie.

Enfin, le traitement basé sur ces hypothèses plus ou moins fantaisistes reste très décevant. Aucune étude n'a pu mettre en évidence une quelconque supériorité des prescriptions de calcium ou de magnésium sur un médicament placebo *. A la lumière des travaux récents en psychiatrie biologique, il apparaît clairement que ce diagnostic n'est qu'une manière de ne pas nommer le trouble panique. L'abandon du concept de spasmophilie permettrait aux patients de bénéficier d'un traitement bien codifié et régulièrement efficace.

L'anxiété généralisée

Marianne est âgée de trente-cinq ans. Elle est employée dans une banque depuis cinq ans comme comptable. Jusque-là, tout se passait le mieux du monde.

Depuis environ deux ans, elle se plaint d'une « tension » chronique, elle n'arrive pas à se détendre. « Je suis toujours

* Un placebo est une substance dépourvue d'activité biologique propre.

sur les nerfs, un rien me fait sursauter », dit-elle. « Je n'arrive plus à me concentrer. »

Marianne rapporte des épisodes de tremblements, de sudations (surtout des mains) et de palpitations. Ces périodes ne se déclenchent pas brusquement, elle n'a pas la sensation qu'elle va mourir. Marianne les attribue à cet état constant d'énervement. « Je sais que quelque chose ne va pas, mais je n'arrive pas à mettre un nom dessus. »

Un peu plus tard, au cours de cette première consultation, Marianne déclare être préoccupée par deux idées dont elle reconnaît le peu de fondement mais qu'elle n'arrive pas à chasser de son esprit.

1) Elle a peur d'être mise à la porte de la banque pour faute professionnelle, ce qui provoquerait de graves difficultés financières car son mari ne gagne pas suffisamment d'argent pour subvenir aux besoins du ménage.

2) Elle s'inquiète en permanence de la santé de sa fille, âgée de trois ans. Dès qu'elle a un rhume, elle court chez son pédiatre pour vérifier que ce n'est pas une méningite, tout en se disant que c'est absurde de déranger le Dr W. pour cela. Le mois dernier, Marianne a visité à quatre reprises sa salle d'attente.

Ces préoccupations se multiplient depuis quelques semaines et la vie de Marianne devient de plus en plus difficile à supporter. Depuis une dizaine de jours, elle éprouve de plus en plus de mal à s'endormir, elle est de moins en moins concentrée à son travail. La tristesse, absente jusque-là, s'infiltre chaque jour un peu plus dans son quotidien.

Pour une fois, le mari de la patiente est venu accompagner sa femme à cette première consultation. Après avoir écouté Marianne, c'est à son mari de parler.

En réalité, sa fille se porte à merveille et Marianne n'est en rien menacée dans son travail. Tout le monde s'accorde à reconnaître son sérieux et sa compétence. Il n'a jamais été question d'un renvoi.

M. H. a aussi constaté une aggravation considérable de l'état de sa femme depuis quelques jours et c'est pour en témoigner qu'il est présent aujourd'hui.

Cet exemple est typique de ce qui s'appelle l'anxiété généralisée.

Le cœur de l'anxiété généralisée est l'appréhension anxieuse, la peur constante du lendemain, même si cet avenir est assuré. Marianne sait pertinemment, au moment où elle décide d'emmener sa fille chez le médecin, que son geste est exagéré. Mais le doute s'est installé en elle et ne la quittera pas tant que le médecin ne l'aura pas rassurée.

Les patients hypocondriaques sont persuadés d'être malades. Lorsque leur médecin les rassure en leur expliquant qu'ils n'ont rien, ils refusent de le croire, persistent dans l'idée qu'ils ont une maladie grave et courent aussitôt voir un autre praticien. Ce n'est pas du tout le cas de Marianne.

A l'inverse de ces patients, elle sait à l'avance qu'elle n'a rien et sa visite n'a comme fonction que de la rassurer. Sa souffrance trouve ici l'une de ses origines : l'impression de danger prend systématiquement le pas sur l'impression de sécurité.

La description clinique de l'anxiété généralisée est finalement assez simple parce que nous en avons une connaissance intuitive. Elle correspond à cet état observable, parfois sur nous-même ou sur les autres, de tension permanente. Il s'agit de la crainte ou de soucis injustifiés ou excessifs concernant plusieurs situations ou événements, associés à un ou plusieurs signes neurovégétatifs (tremblements, palpitations, essoufflement, etc.). En somme, une réaction émotionnelle excessive. C'est ainsi la mère qui imagine continuellement que ses enfants ont eu un accident s'ils sont un tant soit peu en retard, constamment inquiète, six mois à l'avance, des vacances (« Aurai-je de quoi les payer?, le train partira-t-il à l'heure?, la tante Berthe sera-t-elle là pour nous accueillir?, y aura-t-il de la place pour revenir?, les contrôleurs seront-ils en grève? », etc.). C'est finalement la persistance de ces troubles (plus d'un jour sur deux pendant plus de six mois) qui fait le diagnostic. Nous retrouvons dans la sémiologie de l'anxiété généralisée la même cohorte de signes que dans le trouble panique, à ceci près que la tension est permanente.

Au centre de la définition du trouble anxieux généralisé est l'identification des préoccupations excessives. De nombreuses études ont permis de répertorier ces préoccupations. Les plus communes concernent (dans l'ordre décroissant) la famille, l'argent, le travail et la maladie. Il s'agit de préoccupations quotidiennes que chacun ressent un jour ou l'autre. Nous reconnaissons ici les événements de vie que nous évoquions dans la première partie de ce livre.

Le problème est alors de décider en quoi elles sont excessives et/ou irréalistes. Le plus souvent la question ne se pose pas en ces termes, les patients sont les premiers à convenir de l'exagération de leurs réactions émotionnelles par rapport à la réalité des faits.

L'observation personnelle tient donc un rôle considérable. La notion de seuil de tolérance est primordiale et c'est finalement elle qui pousse les patients à venir consulter.

Cette « hypernervosité » n'est pas constante dans le temps, elle subit des hauts et des bas. Parfois le patient (ou plutôt la patiente, car ce trouble est plus fréquent chez les femmes), ne se sent pas tendu, parfois, au contraire, l'anxiété le déborde et le submerge. Nous avons vu également, dans le chapitre consacré au trouble panique que les périodes d'accès alternaient avec les périodes d'attente anxieuse, dont l'aspect est en tout point identique à celui de l'anxiété généralisée.

Nous voyons que la frontière avec le trouble panique

DESCRIPTION DE L'ANXIÉTÉ GÉNÉRALISÉE
(d'après le DSM-III-R)

A. Anxiété et soucis injustifiés ou excessifs (attente craintive), concernant deux ou plusieurs événements, par exemple : soucis à propos d'un malheur pouvant arriver à l'un de ses enfants (alors que celui-ci n'est pas en danger) ou soucis concernant sa situation financière (sans raisons valables) pendant six mois ou plus, avec présence de soucis pendant plus d'une journée sur deux. Chez les enfants et les adolescents, le trouble peut se traduire par une anxiété et des soucis concernant les performances scolaires, sportives ou sociales.

B. Cette anxiété généralisée ne survient pas uniquement au cours de l'évolution d'un trouble de l'humeur (comme la dépression par exemple).

C. Au moins six des dix-huit symptômes suivants sont souvent présents lorsque le sujet est anxieux :

Tension motrice :

1. tremblements, tressautements ou impressions de secousses
2. tension, douleurs ou endolorissements musculaires
3. fatigabilité
4. fébrilité

Hyperactivité neurovégétative :

5. « souffle coupé » ou sensation d'étouffement
6. palpitations ou accélération du rythme cardiaque (tachycardie)
7. transpiration ou mains froides et moites
8. sécheresse de la bouche
9. étourdissements
10. nausées, diarrhée ou autres gênes abdominales
11. bouffées de chaleur ou frissons
12. envies fréquentes d'aller uriner
13. difficultés de déglutition ou « boule dans la gorge »

Exploration hypervigilante de l'environnement :

14. sensation d'être survolté ou d'être à bout
15. réaction de sursaut exagéré
16. difficultés de concentration ou trous de mémoire en rapport avec l'anxiété
17. difficultés d'endormissement ou sommeil interrompu
18. irritabilité

n'est pas toujours simple à tracer. Il est pourtant impératif de les distinguer : les traitements sont différents.

Au cours du trouble panique, l'anxiété présente entre les crises est surtout motivée par la crainte de présenter à nouveau une attaque de panique, à un moment inopiné. Il n'y a pas de préoccupations excessives concernant l'avenir, le travail, l'école ou l'argent.

A l'inverse, les patients souffrant d'anxiété généralisée considèrent les attaques de panique certes comme des événements extrêmement déplaisants, mais qui s'inscrivent dans la droite ligne de l'ensemble de leurs difficultés.

En fait, certains scientifiques ont proposé une possible continuité entre les deux pathologies, puisqu'il arrive assez fréquemment que l'anxiété généralisée précède l'éclosion d'un trouble panique.

D'ailleurs, les symptômes que nous décrivons dans l'anxiété généralisée sont relativement communs à de nombreuses autres pathologies.

Une fois de plus, le cas de Marianne est exemplaire.

Le motif essentiel de la consultation n'était pas tant son anxiété généralisée, qui dure depuis près de deux ans, que l'apparition depuis quelques jours d'un état dépressif. Marianne ne parvient plus à se concentrer, elle devient triste.

Elle-même fait une grande différence entre la difficulté qu'elle avait pour prendre une décision lorsqu'elle ne présentait « que » son état anxieux et la grande difficulté actuelle, qui confine presque à une incapacité, pour prendre une décision.

Il s'agissait dans un premier temps d'une inhibition anxieuse, et maintenant d'un réel ralentissement de la pensée lié à la dépression.

Ces deux événements sont fondamentalement différents. En cas d'inhibition anxieuse, le sujet est conscient de posséder une grande énergie, mais tout aussi lucide sur le blocage de cette énergie. Au cours du ralentissement dépressif, cette dynamique fait défaut.

Les états anxieux sont souvent associés aux troubles dépressifs. A l'inverse, l'anxiété généralisée se complique régulièrement de dépression. Il est même assez rare d'observer une anxiété généralisée entièrement « pure », sans aucun symptôme dépressif.

CHAPITRE 7

Troubles anxieux et maladies somatiques

Qu'en est-il des relations de l'anxiété, qu'elle soit normale ou pathologique, avec les maladies somatiques? Les rapports sont complexes car l'anxiété peut intervenir soit comme l'un des éléments déclenchant le trouble somatique, soit comme faisant partie intégrante des symptômes du trouble somatique, soit comme l'une des complications de ce trouble.

L'anxiété, élément déclenchant

La crise d'asthme de l'enfant avant la rentrée scolaire, la poussée d'eczéma de l'adolescente avant un rendez-vous amoureux, la montée de rhumatismes du grand-père contrarié, tout le monde connaît cela. C'est même à partir de ces réalités quotidiennes que de nombreux médecins se sont penchés sur ce qu'on a appelé la médecine psychosomatique. Incontestablement, l'anxiété joue un rôle essentiel dans le déclenchement de pathologies somatiques très diverses, mais on ne peut pas en dire tellement plus et la plupart des études qui ont essayé de définir des personnalités qui seraient plus sensibles aux troubles psychosomatiques n'ont pas trouvé de reconnaissance internationale auprès de la communauté scientifique. De même a-t-on essayé de dresser une liste de pathologies qui seraient « plus psychosomatiques que d'autres », mais, là encore, aucune étude n'a pu dégager de conclusions décisives.

L'anxiété-symptôme

La sémiologie d'une maladie, c'est-à-dire l'ensemble de ses formes d'expression, est variable d'un individu à l'autre et parfois même, chez un individu, au cours du temps. Une grippe peut s'exprimer par une fièvre, des douleurs et des ganglions. Elle peut également ne se manifester que par des difficultés respiratoires. On rencontre rarement dans la réalité les belles descriptions des manuels de médecine. Souvent il n'existe que quelques signes qui mettront la puce à l'oreille du médecin et le conduiront à creuser une piste qui aboutira au diagnostic. Parmi ces symptômes qui peuvent à eux seuls résumer la clinique d'une maladie, il y a l'anxiété.

Hélène, une jeune femme de vingt-trois ans, décida de consulter son médecin généraliste en raison d'une « tension nerveuse » trop forte.

Elle venait de quitter le domicile de ses parents pour s'installer dans son propre studio, ayant juste terminé des études commerciales. C'est pendant la période des examens qui avaient été particulièrement difficiles que son « énervement » avait commencé. Son sommeil était de mauvaise qualité : à des difficultés d'endormissement succédaient des réveils précoces; parfois Hélène avait l'impression de ne pas dormir du tout. Fatiguée à ce point et aussi tendue, elle ne voyait pas comment elle pourrait débuter prochainement l'emploi qu'elle venait de trouver.

Après un examen physique, son médecin lui prescrivit un traitement à base de tranquillisant et lui redonna rendez-vous une semaine plus tard. A la consultation suivante, tout n'avait fait qu'empirer. Perplexe, le médecin refit son examen et trouva alors une légère saillie des globes oculaires. Dès lors il envisagea un dysfonctionnement thyroïdien qui fut confirmé par un dosage hormonal.

La glande thyroïde est connue depuis longtemps pour mimer les affections émotionnelles comme l'anxiété et la dépression, si bien qu'on la surnomme « la glande à émotions » mais dans le cas d'Hélène le seul symptôme de son dysfonctionnement était l'anxiété. De nombreuses autres maladies ont l'anxiété parmi leur symptomatologie.

L'anxiété, complication de la maladie

Souvent, anxiété et dépression sont la conséquence d'une maladie chronique. Les différentes phases par lesquelles passent les patients atteints de longues maladies sont bien connues. La révélation d'une maladie grave commence par entraîner un mal-être, des sentiments d'injustice et frustration. L'avenir étant incertain et naturellement interprété comme dangereux, l'anxiété entre dans le fonctionnement habituel du patient. Elle peut s'amplifier et toucher tous les domaines de vie. En plus du sentiment d'injustice : « pourquoi moi? », se greffe souvent un sentiment de culpabilité : « Qu'est-ce que j'ai pu faire au Bon Dieu pour subir ça? » C'est ainsi qu'un tableau dépressif voit progressivement le jour : le patient doit faire le deuil de sa santé passée.

L'anxiété réactionnelle à une maladie est normale. Dans la mesure où elle est supportable, il faut la respecter. D'autant qu'elle a une fonction précise qui est de maintenir le patient en éveil et de le stimuler pour lutter contre la maladie et envisager une vie nouvelle.

AFFECTIONS ORGANIQUES ET MÉDICAMENTS FAVORISANT L'APPARITION DE MANIFESTATIONS ANXIEUSES	
MALADIES DU CŒUR ET DES POUMONS	Athérosclérose, angine de poitrine, infarctus du myocarde, insuffisance cardiaque, prolapsus de la valve mitrale, embolie pulmonaire, pneumothorax, asthme, etc.
MALADIES ENDOCRINIENNES	Hyperthyroïdie, syndrome de Cushing, hypoglycémie, phéochromocytome, etc.
MALADIES DU TUBE DIGESTIF	Ulcère gastrique ou duodénal, reflux gastro-œsophagien, lithiase vésiculaire, colites, etc.
MALADIES INFECTIEUSES	Septicémies, méningites, etc.
MALADIES DU SYSTÈME NERVEUX CENTRAL	Épilepsie temporale, accidents vasculaires cérébraux, tumeurs, maladie de Wilson, etc.
INTOXICATION PAR DES TOXINES OU DES MÉTAUX LOURDS	Plomb, mercure, insecticides, certains gaz, etc.
ANÉMIES	Anémies par carence en fer, en vitamine B12, etc.
PRODUITS DIVERS	De nombreux médicaments (cf. la notice qui accompagne le produit) : l'aminophylline, la théophylline, les corticoïdes, la nicotine, la plupart des « coupe-faim » (qui sont des produits mimant les amphétamines), certains antidépresseurs, réaction de sevrage après intoxication par la caféine ou la nicotine, etc., et bien sûr les drogues (cocaïnes, LSD, marijuana, etc.) et la caféine.
SYNDROMES ANXIEUX LIÉS À L'ALCOOL	Intoxication aiguë, délire alcoolique, réaction de sevrage.

Enfin, l'anxiété peut interagir avec tous les stades d'une maladie somatique. Dans l'asthme, par exemple, l'anxiété est souvent présente comme l'un des facteurs déclenchants de la crise; au cours de la crise elle est exacerbée avec en particulier l'impression de manquer d'air, et après la crise demeure fréquemment une anxiété anticipatoire de la crise suivante. C'est le cas pour les troubles cardio-vasculaires pour lesquels on a pu montrer très précisément les rapports de chaque étape avec les troubles anxieux.

Troubles anxieux et maladies cardio-vasculaires

L'anxiété-cause

On a pu mettre en évidence un profil comportemental, une manière d'être anxieux qui augmente le risque de développer une maladie coronarienne : le comportement de type A.

C'est le regroupement de l'ensemble de ces conduites qui définit le profil. Cependant des études récentes ont montré que les facteurs les plus graves seraient l'urgence du temps et l'hostilité. L'urgence du temps génère souvent une appréhension de l'avenir et l'hostilité des conflits sociaux; quant au déni de ses sentiments et au refus d'aide, ils diminuent les capacités d'adaptation aux situations nouvelles et allongent les délais d'intervention médicale. Comment s'étonner que les individus présentant un comportement de type A soient plus anxieux que les autres? A l'inverse, l'engagement dans la compétition serait plutôt un élément positif.

Le comportement de type A n'est pas une maladie mais seulement une manière de se comporter. Des chercheurs américains ont donc tenté de savoir si les sujets qui

CARACTÉRISTIQUES DU COMPORTEMENT DE TYPE A	
IMPORTANCE DE L'INVESTISSEMENT PROFESSIONNEL	Tendance aux activités multiples et aux actions simultanées, peur de l'inactivité, ambition de progression provoquant un engagement permanent dans la compétition.
ÉTAT DE TENSION PERMANENT	Sentiment très vif de l'urgence du temps, réaction d'impatience, difficultés à la relaxation, rapidité des gestes et de l'échange verbal, tension dans les rapports sociaux.
PRÉSENTATION D'UNE IMAGE DE SOI FORTE	Affirmation de soi, refus fréquent de la faiblesse et en particulier de la maladie, besoin de surcompenser quel que soit le prix de l'effort.

présentent des pathologies anxieuses ont une mortalité cardio-vasculaire plus élevée que la population générale : la réponse est oui.

L'anxiété-symptôme

L'anxiété trouve une partie importante de son expression somatique dans les signes cardiologiques (notamment les palpitations). Inversement, la plupart des maladies cardiaques s'accompagnent de troubles anxieux.

La plus fréquente des maladies coronariennes est l'angine de poitrine, encore appelée angor. Angor et angoisse, deux mots qui dérivent de la même racine latine : *angustia,* qui signifie serrement, étroitesse. La crise d'angine de poitrine comprend une sensation d'angoisse et une douleur en barre qui écrase la poitrine, donnant l'impression d'être enserré dans un étau.

Parfois la douleur est absente et l'angoisse est le seul symptôme de la crise.

Une autre pathologie cardiaque très intriquée avec les troubles anxieux est le prolapsus de la valve mitrale. Cette valve est responsable du passage du sang de l'oreillette gauche vers le ventricule gauche. L'existence d'un prolapsus empêche une fermeture adéquate des différentes chambres gauche et entraîne notamment des palpitations, une fatigue, de l'anxiété et des difficultés à respirer. Étant donné la grande similitude de sémiologie entre le trouble panique et le prolapsus de la valve mitrale, certains se sont demandé s'il ne fallait pas voir dans cette anomalie anatomique la cause du trouble panique.

En fait, la proportion de prolapsus de la valve mitrale chez les patients « paniqueurs » varie, selon les études, de 10 à 50 %. Si cette proportion est nettement plus élevée que dans la population générale (environ 5 %), elle ne permet pas d'affirmer un lien de causalité.

Une autre hypothèse a d'ailleurs vu le jour depuis peu : certains cas de prolapsus modéré de la valve mitrale seraient dus au trouble panique!

L'anxiété-conséquence d'une pathologie cardiaque

Le cœur et le cerveau sont des organes massivement investis sur le plan psychologique. Il nous arrive parfois de les confondre.

Depuis que le monde est monde, les hommes voient dans le cœur non seulement le support et le maintien de la vie animale mais aussi la matrice de nos émotions.

Le langage populaire en témoigne par des expressions comme « un cœur de pierre » (pour l'insensible), « avoir bon cœur » (pour le généreux), quand ce n'est pas à notre Rodrigue national que l'on demande : « As-tu du cœur? »

Apprendre qu'on est atteint d'une affection cardiaque constitue toujours un choc. La perspective de la mort se précise : « J'ai bien failli y passer » est la phrase la plus souvent entendue au sortir de la réanimation après un infarctus du myocarde. Comment ne pas se sentir diminué et surtout comment ne pas vivre dans la crainte d'une récidive? On assiste parfois à l'émergence d'un trouble panique, quand ce n'est pas une anxiété généralisée, après un infarctus.

Le mécanisme cognitif en est simple : quittant l'hôpital, le patient perd l'assurance d'une assistance permanente. Il devient plus attentif au moindre signe venant de son cœur (état proche de l'anxiété anticipatoire). Des palpitations entraînées par un effort (ou une émotion) seront interprétées comme un symptôme annonciateur d'une rechute. Cette possibilité met le patient dans un état d'angoisse qui entretient les palpitations. Le cercle (vicieux) se referme.

Cette distorsion cognitive se traite par la restructuration cognitive.

L'anxiété jalonne l'histoire du cardiaque : comme cause éventuelle, comme symptôme de la maladie ou comme réaction émotionnelle. Que de confusions possibles!

3

L'ANXIÉTÉ ÇA SE SOIGNE

CHAPITRE 8

Se soigner, être soigné

Se traiter seul, une illusion?

Malgré l'indéniable caractère pathologique de certains troubles anxieux, on peut se demander s'il est tout de même indispensable de consulter un médecin, et plus encore un psychiatre.

Au cours de ces dernières années, de nombreux ouvrages vantant les possibilités de se traiter seul ont été publiés, non seulement dans le domaine des pathologies affectives comme l'anxiété ou la dépression, mais aussi pour d'autres pathologies médicales. Ces guides proposent habituellement de traiter, ou de soulager les souffrances en cinq, dix ou quinze leçons...

La plupart d'entre eux témoignent de cas réels, ayant été capables de se tirer seuls d'affaire. Et, c'est vrai, de nombreuses personnes peuvent témoigner d'avoir vaincu seules leur(s) phobie(s).

Parfois des moyens très simples et peu coûteux, tant du point de vue financier que psychique, peuvent aider à vaincre des troubles limités. Il en est ainsi du bol de lait chaud avant le coucher, qui aurait des vertus soporifiques (des études récentes ont montré que le réchauffement du lait entraînait une libération de tryptophane, substance impliquée dans l'endormissement). Même si l'on considère que l'effet est principalement placebo, les recettes de grand-mère ne sont pas à négliger.

Les techniques comportementales ou cognitives sont souvent une application très méthodique du « bon sens ». Certains peuvent donc en utiliser les principes sans avoir recours à un thérapeute.

Alors que nous discutions de la rédaction de ce livre avec un ami (que nous appellerons Jean), il nous raconta que pendant des années il avait été phobique des chats : la vue de l'un de ces animaux le remplissait d'angoisse.

Malheureusement (ou heureusement) pour lui, il tomba amoureux d'une belle jeune fille, Madeleine, qui possédait trois chats et refusait de s'en séparer. Elle y était tellement attachée qu'elle posa un ultimatum à Jean : c'était elle avec les chats ou personne.

Jean procéda de la sorte : pendant une semaine, il décida d'aller rendre visite quotidiennement à Madeleine, à une heure précise. Pendant l'heure qui précédait cette visite, il s'imaginait en compagnie de chats. Dès que l'angoisse montait, il faisait de grands mouvements respiratoires jusqu'à la cessation de ses symptômes.

Préparé de la sorte, il affronta pendant huit jours les trois chats. Lorsque l'angoisse se faisait trop sentir, il prétextait qu'il faisait trop chaud et allait ouvrir la fenêtre. Madeleine qui n'était pas dupe de ses efforts l'aidait au mieux.

A la fin de la semaine, Jean pouvait supporter pendant toute une heure les chats. Jean et Madeleine purent se marier trois mois plus tard.

Cette histoire n'est pas qu'anecdotique, elle montre qu'il est possible de se traiter seul, en utilisant les techniques que préconisent certaines psychothérapies.

Mais, car il y a un mais...

Pour que les traitements puissent être entrepris et suivis jusqu'à leurs termes, la motivation doit être grande (comme pour Jean) et l'objectif très simple (cas d'une phobie isolée). Sinon le sujet devient incapable de trouver en lui toutes les ressources suffisantes pour continuer. Le thérapeute a notamment pour fonction de maintenir la motivation, ce qui est essentiel.

L'auto-exposition entraîne toujours un regain d'anxiété. Si le sujet n'y est pas convenablement préparé, elle risque de confirmer le patient dans sa phobie et de la renforcer. C'est souvent le cas des patients qui pensent « qu'il ne faut pas s'écouter ». Ils s'exposent dans de mauvaises conditions aux stimuli et provoquent ainsi de nouveaux accès anxieux paroxystiques, avec pour résultat une aggravation du trouble.

Dans un entretien accordé à l'*Événement du Jeudi,* Vanessa Paradis déclare : « (...le trac) je l'ai toujours eu, je l'ai encore. Avant de chanter une chanson, je ne connais qu'un remède, c'est d'y aller, de foncer. Au cinéma, c'est pareil. En plus, je suis très superstitieuse, je touche du bois dès que je pense à un truc malheureux et je ne passe jamais sous une échelle. »

Mlle Paradis pratique (avec succès) l'auto-exposition. Elle a conscience de ses troubles anxieux et a trouvé, pour le moment, un moyen d'y faire face. Elle a aussi recours à des conduites destinées à dériver l'angoisse, qu'elle reconnaît elle-même comme absurdes, comme toucher du bois. Les risques de ce genre de comportement sont connus : les troubles anxieux se renforcent et les comportements illogiques se multiplient.

Les candidats à l'auto-traitement devront répondre d'abord à ces questions :

– Êtes-vous un consommateur habituel de médicaments anxiolytiques, d'alcool ou de drogues? Un arrêt brutal et sans surveillance médicale vous expose au risque de syndrome de sevrage (rebond d'anxiété, tremblements, sudation, etc.)

– Souffrez-vous de plus d'une phobie?

– Vous est-il difficile de définir clairement votre phobie?

– Vous sentez-vous déprimé? Vous arrive-t-il de penser au suicide?

– Serez-vous seul pendant le traitement?

Si vous pouvez répondre par oui à l'une de ces questions, il est préférable que vous soyez aidé par un spécialiste des troubles anxieux (si vous voulez vraiment guérir).

Certaines pathologies peuvent aussi s'aggraver lors d'une exposition au stimulus anxiogène comme les troubles cardio-vasculaires, l'asthme, l'hypertension artérielle ou les ulcères gastro-intestinaux. Il vaut mieux, lorsqu'elles sont présentes, conduire le traitement sous contrôle médical.

Quoi qu'il en soit souvenez-vous de quatre principes :

1. Vous n'êtes pas coupable. Souffrir d'un trouble anxieux ne signifie pas non plus être fou ou perdre la tête.

2. Ne tentez pas d'échapper à votre émotion : reconnaissez-la pour ce qu'elle vaut, une réaction physique et psychique. Ne lui attribuez pas une autre valeur. Si vous avez la nausée avant d'aller à un examen, sachez l'attribuer à la peur de vous y présenter et ne vous réfugiez pas derrière la maladie pour échapper à votre trac.

3. Devant une réaction émotionnelle, essayez toujours de prendre un peu de recul pour pouvoir la considérer comme telle. Si votre cœur bat fort, sachez attribuer cette palpitation à votre anxiété et non à une crise cardiaque.

4. Persévérez!

Prévenir son anxiété

Comment ne pas devenir anxieux? Ce n'est pas toujours évitable. Et ce n'est pas nécessairement un but en soi : n'oublions pas que l'anxiété est un phénomène normal, réactionnel aux situations que nous vivons. L'objectif consiste à éviter que cette anxiété se transforme en l'une des maladies que nous avons décrites dans la deuxième partie. Il faut reconnaître qu'il n'existe pas de panacée universelle pour prévenir la maladie anxieuse. Il n'existe pas non plus (ou alors nous ne le connaissons pas encore) de profil type des sujets à risque. Nous sommes donc tous susceptibles de présenter un trouble anxieux à un moment ou à un autre de notre vie. Peut-on alors parler de prévention des troubles anxieux?

Comme toujours pour la prévention, les recettes sont des consignes de bon sens que souvent nous connaissons déjà mais qu'il n'est pas inutile de passer en revue afin de s'interroger sur celles que l'on ne respecte pas, d'autant plus que les anxieux perdent souvent leur bon sens.

Connais-toi toi-même

Nous sommes inégaux devant l'anxiété. Tout individu a ses propres limites qu'il peut apprendre à déterminer en fonction du contexte. Chacun connaît la célèbre goutte, celle qui fait déborder le vase. Cette goutte, c'est l'événement extérieur qui dépasse nos capacités de faire face. Les expressions ne manquent pas pour décrire la situation : ras le bol, la coupe est pleine, je sature... On est alors « débordé ». Avant d'identifier la dernière goutte, il faut d'abord repérer la pluie qui l'a précédée. Il s'agit simplement du contexte dont on a appris à mesurer l'impact au chapitre 3 (« L'anxiété dans son contexte »). Se connaître soi-même consiste à garder toujours en tête ses propres limites face à l'environnement auquel nous sommes confrontés de façon à le modifier, si c'est nécessaire, avant le débordement.

Mon « home » et les miens

C'est notre base, l'endroit où nous « rechargeons nos batteries ». Cette base est constituée d'un lieu et d'un réseau affectif.

Un lieu qui est bien décrit par le terme anglais « home » dans tout ce qu'il comprend de rassurant, de protecteur. Le « home » est l'endroit que l'on s'est approprié, où l'on est en sécurité. Les comparaisons avec le monde animal sont nombreuses : on parle de tanière ou de nid, que l'on qualifie le plus souvent de douillet.

Notre base est aussi constituée d'un réseau affectif de proximité. Le plus souvent le réseau est constitué de la famille proche mais il est aussi enrichi d'amis « adoptés ». C'est notre univers familier affectif. La qualité essentielle de ce réseau est sa stabilité, et la confiance qu'on lui accorde de façon à pouvoir échanger, communiquer ce qui nous tient à cœur ou ce qui nous préoccupe. Des études ont montré que le niveau d'anxiété chronique était corrélé à l'absence de milieu familial sécurisant.

Pour prévenir l'anxiété il est donc important de se constituer une base solide et de l'entretenir soigneusement.

Être vigilant aux « warning »

Les signaux d'alarme sont autant de clignotants qui annoncent un risque de décompensation. Citons les principaux :

– insomnie,

– irritabilité excessive ou conflits fréquents avec son entourage,

– impression de tension permanente,

– éviter systématiquement certains lieux ou certaines situations,

– ne pas tenir en place, même assis, avoir toujours un genou qui joue au yoyo ou un doigt qui bat la mesure,

– se sentir bloqué, inhibé, entravé dans la plupart des actes de la vie quotidienne,

– être assailli par des pensées pénibles ou des préoccupations dont on n'arrive pas à se débarrasser,

– multiplier les rituels de vérification, de rangement, ou de nettoyage,

– sentir revenir des douleurs spécifiques comme l'estomac ou le dos.

Ces signaux d'alarme sont souvent repérés par l'entourage avant que le patient n'en prenne conscience lui-même.

Rythme et règles de vie

De même qu'il vaut mieux être riche, jeune et en bonne santé, de même pour prévenir l'anxiété il vaut mieux dormir la nuit et faire un peu de sport tous les jours que fumer trois paquets et sortir tous les soirs jusqu'à quatre heures du matin. Les règles de bon sens sur le rythme de vie et les règles hygiéno-diététiques sont évidentes et suffisamment rappelées régulièrement dans les médias. Il faut cependant insister sur trois points.

– Nous prenons tous les jours l'une des substances les plus efficaces pour créer de l'anxiété : le café. Le café est même utilisé par les chercheurs pour provoquer des attaques de panique. Il faut donc être vigilant aux quantités de café que l'on boit et éventuellement penser à faire le lien avec un état d'anxiété.

– Il existe des médicaments qui provoquent de l'anxiété même s'ils sont très rares et souvent pris en auto-prescription. C'est le cas des amphétamines et de leurs dérivés utilisés comme des « coupe-faim ». Ces produits sont parfois consommés par les étudiants pour travailler plus en diminuant leur temps de sommeil, ce qui augmente leur anxiété d'autant : d'une part, parce qu'ils dorment moins et, d'autre part, parce que ces médicaments les rendent anxieux. Les résultats à l'examen s'en ressentent évidemment.

– Le sommeil a un rôle important dans la prévention des troubles anxieux. Contrairement aux troubles dépressifs qui peuvent être améliorés temporairement après une nuit blanche, les troubles anxieux sont toujours aggravés par le manque de sommeil : à vos oreillers!

Se décider à consulter

Quels sont les risques de ne pas se soigner?

On considère qu'il y a une « histoire naturelle » de la maladie anxieuse qui se déroulerait de la manière suivante (pour le trouble panique) :

– quelques crises de panique isolées et limitées,
– véritables attaques de panique,
– préoccupations autour de sa santé, somatisations,
– apparitions de phobies limitées,
– agoraphobie avec évitement phobique,
– dans 60 % des cas développement d'un syndrome dépressif.

Cette chronologie est certes très schématique même si elle correspond à une étude sur un nombre important de patients. Chaque cas individuel est unique et son évolution est fonction de son propre contexte. Cependant cette chronologie montre bien que le risque de dégradation de la symptomatologie est réel. Or il est clair que plus le trouble anxieux est traité tôt, plus le traitement est simple et court. Avec l'évolution de la maladie, on constate généralement une dégradation des relations familiales, professionnelles ou amicales. Il faut aussi évaluer ce risque-là qui n'est pas des moindres.

Quand faut-il consulter?

Tout de suite, demain vous aurez autre chose à faire et vous risquez de reporter à plus tard encore. Une première consultation n'engage pas dans un processus interminable dont on ne se sort plus et qui rend « encore plus fou ». La première consultation est le temps du bilan, du diagnostic. Généralement, aucun traitement n'est mis en route d'emblée. En revanche, les possibilités thérapeutiques, les avantages et les inconvénients de chacune d'elles, le temps nécessaire pour obtenir une amélioration sont expliqués au patient pour qu'il prenne le temps d'y réfléchir et de faire son choix sur le type de prise en charge qu'il préfère. Il est essentiel que le patient se sente libre, rien ne l'oblige, à l'issue de cette première consultation, à revenir se faire soigner; mais il aura toutes les informations pour éclairer sa décision. Il peut être utile de venir à la première consultation avec son conjoint qui pourra assister à la seconde partie de l'entretien et enrichir le bilan diagnostique de son point de vue en précisant la gêne qu'entraîne pour lui et pour le couple le trouble en cause. Son aide pourra être requise dans le traitement.

Comment aider un proche à consulter?

Surtout en n'insistant pas trop. N'oublions pas qu'un anxieux est souvent irritable, il faut donc procéder en douceur. Le triple message à faire passer est le suivant :

– Je me suis aperçu que quelque chose n'allait pas.

– Ce n'est pas pour autant que je te considère comme malade.

– Il y a moyen de se faire aider efficacement et rapidement.

La suggestion est souvent plus efficace que la persuasion, l'essentiel est de laisser mûrir l'idée d'une aide possible de façon à ce que l'anxieux se la réapproprie et ait l'impression qu'elle vient de lui. Le risque inverse serait de ne parler de rien comme s'il s'agissait d'un sujet tabou : « Je sais que tu sais que je me suis aperçu que les choses n'allaient pas mais je ne veux surtout pas aborder le sujet. »

Il faut ensuite l'encourager à faire la démarche.

Qui consulter? Le médecin de famille ou le spécialiste?

Le généraliste est l'interlocuteur privilégié, il vous connaît et il est le mieux à même de resituer la symptomatologie actuelle dans l'ensemble d'un contexte et d'une histoire. Il est donc logique de le consulter dans un premier temps afin d'établir un diagnostic précis, d'en évaluer la gravité et de faire la part d'une éventuelle pathologie organique associée. Pour la prise en charge du trouble, le traitement médicamenteux peut être prescrit par votre médecin de famille mais en général, il est plus difficile qu'il mette en place tout seul un traitement cognitivo-comportemental. Il existe cependant des généralistes formés à ces techniques et qui sont parfaitement compétents pour les utiliser.

Le généraliste a surtout un rôle fondamental dans le suivi à long terme. Il aide à décoder les « warning » et à prévenir l'apparition des troubles. Même si l'on a recours temporairement à un spécialiste, le médecin de famille est indispensable pour consolider l'action du psychiatre et éviter les rechutes. Son aide est aussi précieuse pour choisir son psychiatre.

Comment choisir son spécialiste?

« Un psychiatre? Je suis pas fou quand même? » Certes, le mot psychiatre est associé à celui de folie et l'ensemble fait peur. La simple évocation de la psychiatrie évoque une multitude d'images qui vont de la camisole à l'enfermement abusif des patients en passant par les représentations plus ironiques des albums de *Tintin* montrant des patients qui se prennent pour Napoléon et promènent leur brosse à dents en laisse. Et puis, on connaît l'adage populaire : « Les psychiatres sont plus fous que leurs patients. » Il faut reconnaître qu'il y a eu des excès, aussi bien dans la durée des traitements que dans leurs prix et avec des résultats parfois très médiocres. La « révolution culturelle » de la psychiatrie est récente. L'emploi de toutes les technologies modernes : biologie, imagerie cérébrale, dosages médicamenteux, instruments psychométriques; la rationalisation des techniques psychothérapiques; la multiplication des molécules médicamenteuses actives – tout cela a permis à la psychiatrie d'accéder au rang de spécialité médicale à part entière. Les psychiatres traitent les troubles de l'esprit et du comportement qui peuvent survenir à chacun d'entre nous sans être fou pour autant.

Reste à savoir quel psychiatre aller voir. Il existe, en effet, différentes techniques psychiatriques et certains praticiens choisissent l'une d'entre elles au détriment des autres. Pour traiter les troubles anxieux, il est nécessaire de s'adresser à un psychiatre qui a une bonne pratique des prescriptions médicamenteuses et qui connaisse les techniques cognitivo-comportementalistes. Pour cela il suffit de lui demander au premier entretien s'il répond à ces deux conditions, ou de s'adresser à l'AFTCC (Association française de thérapie cognitivo-comportementale, dont l'adresse est indiquée p. 167).

On obtiendra ainsi un traitement efficace et symptomatique de la maladie anxieuse. A l'issue de ce traitement il peut être utile de faire une démarche plus longue de psychothérapie par exemple de type analytique.

Les questions que l'on se pose

Que faire des conseils des autres?

Je sais ce que c'est, je suis déjà passé par là. Souvent ce type de réflexion relève d'un processus de distorsion cognitive qui mêle la surgénéralisation à l'inférence arbitraire. C'est-à-dire qu'à partir de quelques éléments communs on déduit que l'ensemble est identique et qu'on tire des conclusions sans preuves. Ce qui fait la richesse de l'humain c'est son unicité et s'il existe des maladies communes à tous, la personnalité, le contexte, l'histoire ne sont jamais les mêmes. Il faut donc se méfier de ce genre de réflexions qui tendent à tout ramener à ses propres difficultés. Il faut s'en méfier d'autant plus que la proposition suivante tarde rarement :

Tiens, prends ça, ça m'a fait du bien. Aussi généreuse que puisse paraître cette offre, elle présente plusieurs risques importants. D'une part, si on l'accepte, on prend un traitement sans avoir fait de diagnostic au préalable. D'autre part, comme on ne sait pas ce que l'on traite il y a de fortes chances pour que ce ne soit pas efficace (ou peu). Enfin, un médicament comporte toujours des effets secondaires et des risques; la lecture de la notice est très insuffisante pour s'en prémunir. Ajoutons que l'on aggraverait les choses en attendant pour se traiter vraiment.

Moi, à ta place, je partirais au soleil me reposer. Peut-être, mais la personne qui tient ce discours n'est pas à votre place. L'idée de faire une coupure et d'aller se reposer est de bon sens. On a vu combien la fatigue et l'impression de se sentir submergé par son quotidien pouvait être un facteur aggravant pour un trouble anxieux. Il est donc toujours souhaitable de se détendre et de prendre du recul : le seul risque serait de se contenter de cette apparence de solution et que, dès le retour, voire pendant les vacances, la symptomatologie persiste ou s'amplifie. Les vacances pourraient ne pas être très réussies si vous présentez une attaque de panique dès l'avion et si la crainte d'en avoir une autre (anxiété anticipatoire) vous empêche de pratiquer les activités que vous aimez. D'autant que les vacances constituent généralement un événement de vie « stressant ». Donc prenez le temps de consulter avant de partir.

J'ai une bonne adresse de voyante... Le marché de l'irrationnel profite largement des anxieux. La faute en est d'abord aux médecins qui n'ont pas su les écouter ou les aider. Il y a encore quelques années les consultations d'anxiété étaient inexistantes. Or, l'anxieux qui cherche à être rassuré sur l'avenir peut être tenté de faire appel à quelqu'un qui prétend pouvoir le prédire. Nous n'entrerons pas dans les polémiques sur la validité de telles pratiques. Dans le domaine de la foi chacun a ses propres convictions. Il faut simplement rappeler que rassurer n'est pas guérir et que le soulagement qui pourrait être apporté par une consultation de voyant engage le sujet dans un processus de dépendance vis-à-vis du voyant, alors que toute démarche thérapeutique vise l'autonomie des individus.

Je suis mieux mais pour combien de temps?

Combien de temps durent les améliorations? C'est une question que tous les patients se posent en fin de traitement. Il est naturel de craindre que la situation critique, dont on sort à peine, ne se reproduise. On se sent fragilisé et l'on redoute de trébucher à nouveau au moindre obstacle. C'est l'inverse qui se passe : *on sort consolidé d'un traitement bien fait.* De même que l'os cassé est plus solide qu'avant la fracture à l'issue de la phase de réparation, de même l'anxieux est mieux armé après un traitement pour faire face aux événements de vie.

Y compris quand on arrête le traitement médicamenteux? Bien sûr, car le traitement médicamenteux, comme le traitement psychothérapique, n'est pas là comme un substitut mais a une réelle fonction thérapeutique, c'est-à-dire qu'il doit permettre de revenir à l'état antérieur aux troubles.

Cependant, on manque encore de statistiques à long terme sur la durée d'efficacité des traitements. Les prises en charge cognitivo-comportementales semblent être efficaces plus longtemps que les traitements médicamenteux.

Mes enfants seront-ils anxieux?

Cette question en contient deux. La première est de savoir s'il y a une transmission génétique des troubles anxieux. La seconde est de savoir si le comportement anxieux des parents peut rendre les enfants anxieux.

Plusieurs études ont montré que les patients atteints de trouble panique ou d'agoraphobie avaient significativement plus de membres de leurs familles qui étaient atteints du même trouble que ceux d'une famille d'une population témoin. Ces enquêtes ne différencient pas l'inné de l'acquis. On ne dispose d'aucune preuve formelle de la transmission génétique des troubles anxieux. Cependant, il existe un faisceau d'arguments (nous en avons indiqué quelques-uns dans la deuxième partie) qui permettent de supposer que la génétique jouerait un rôle, même s'il n'est pas de premier plan. Quant à l'environnement, son rôle semble bien établi.

On a donc probablement plus de chance d'avoir des enfants anxieux si on l'est soi-même. Heureusement, cela se soigne!

CHAPITRE 9

Les médicaments de l'anxiété

L'anxiété se soigne. nous l'avons dit et répété, nous allons maintenant l'expliquer et le décrire. Ce qui est important à comprendre, c'est d'une part que ces traitements sont efficaces (de 80 à 90 % de réussite) et d'autre part que le patient a le choix entre les traitements médicamenteux et non médicamenteux, voir l'association des deux.

Il existe trois classes de médicaments efficaces sur les troubles anxieux : les antidépresseurs, les tranquillisants (constitués principalement par les benzodiazépines, BZD) et les bêtabloquants.

La France est le premier consommateur mondial de tranquillisants. Tout est dit et l'inquiétude générale peut croître. « Les Français camés aux tranquillisants » titrent les magazines, les sociologues s'interrogent sur ce « nouveau fléau » et le gouvernement les assimile au tabac et à l'alcool parmi les dangers à combattre pour la santé des Français.

Rappelons tout de même quelques données du problème :

– Personne n'a jamais montré, en terme de santé publique, que la consommation de tranquillisants était en quoi que ce soit dangereuse ou novice pour la population, en dehors du cas particulier des personnes âgées (contrairement au tabac ou à l'alcool auxquels on les assimile).

– Les médicaments sont prescrits par boîtes et non à l'unité comme chez nos voisins européens, ce qui entraîne une assez grande déperdition comme en témoigne le trop-plein des armoires à pharmacie.

– Les médicaments sont, en France, peu chers et bien remboursés ce qui fait que globalement nous en consommons beaucoup plus que nos voisins européens; parmi ceux-ci on peut citer les antalgiques, dont on consomme encore beaucoup plus de boîtes que de tranquillisants. Personne ne s'en alarme, et pourtant, ne sont-ils pas à la douleur physique ce que sont les tranquillisants à une certaine douleur morale?

– Il est généralement admis que les règles de prescription des tranquillisants ne sont souvent pas assez rigoureuses, en particulier pour la durée des traitements, mais les psychothérapies de substitution sont très peu remboursées et donc très peu développées chez nous.

Avant de s'alarmer sur les tranquillisants, il convient donc de confirmer qu'ils sont dangereux et surtout de mettre en place des prises en charge substitutives comme cela existe dans la plupart des pays occidentaux.

Nous verrons en détail les avantages et les inconvénients de chacune des substances qui peuvent être utilisées dans l'anxiété mais il importe pour accéder à une information de commencer par dépassionner ce sujet afin de se construire une opinion qui aille au-delà des préjugés ambiants.

LES MÉDICAMENTS EN QUESTIONS

LES TRANQUILLISANTS

1. *Qu'est-ce qu'un tranquillisant?*

L'action principale d'un tranquillisant est la lutte contre les manifestations anxieuses. Plusieurs groupes de médicaments répondent à cet objectif.

S'ils ont joué un rôle important dans le passé, les *barbituriques* (Binoctal®, Imménoctal®, Gardénal®, etc.) ne sont plus prescrits qu'occasionnellement en dehors de leurs indications neurologiques, comme somnifères. Cette pratique, plus nocive qu'utile, devrait être abandonnée.

Synthétisés peu avant les premières benzodiazépines, les *carbamates* (ex. le méprobamate – Procalmadiol® ou Equanil® –) gardent encore la faveur de nombreux médecins.

Le groupe des tranquillisants évoque, actuellement et en priorité, celui des *benzodiazépines.* Il en existe plus de 30 spécialités commercialisées en France. Les vedettes en sont le Témesta® (lorazépam), le Valium® (diazépam), le Tranxène® (clorazépate) ou le Xanax® (alprazolam).

Les somnifères les plus prescrits font partie du groupe des benzodiazépines (Halcion®, Rohypnol®, etc.) ou agissent sur les mêmes cibles (Imovane®, Stilnox®).

De *nouveaux médicaments,* comme le Buspar® (buspirone), préfigurent un nouveau groupe de tranquillisants parfois un peu plus longs à agir ils ne présentent ni les effets secondaires ni les inconvénients des benzodiazépines classiques.

D'autres médicaments, dont l'objectif initial n'était pas la réduction de l'anxiété, possèdent des vertus tranquillisantes et sont quotidiennement utilisés par les médecins. Il en est ainsi de certains *neuroleptiques* à faibles doses comme le Nozinan® ou le Tercian®, de certains antidépresseurs à faibles doses comme le Laroxyl® ou le Ludiomil® ou de certains anti-histaminiques comme l'Atarax®.

Enfin, de nombreuses spécialités phytothérapiques ou homéopathiques échappent à toutes classifications. Leurs activités font maintenant l'objet d'études scientifiques rigoureuses.

2. *Sur quoi cela agit-il?*

Les tranquillisants exercent leur action en modifiant l'activité de certaines cellules du cerveau (les neurones).

3. *Quand les tranquillisants sont-ils indiqués?*

A chaque fois que les troubles anxieux entraînent une souffrance trop forte. Les pathologies anxieuses qui en bénéficient le plus sont : le trouble anxieux généralisé, les états de stress post-traumatique et d'une façon générale les états d'angoisse aiguë réactionnels à des événements de vie conflictuels.

Les tranquillisants sont indiqués également dans les troubles du sommeil, comme somnifères.

4. *Quels sont les bénéfices attendus?*

Essentiellement une réduction du niveau de tension nerveuse. Les benzodiazépines agissent comme des anxiolytiques, des sédatifs et entraînent une relaxation musculaire. Elles sont également utilisées par les neurologues pour leur action sur les crises convulsives.

5. *Combien de temps mettent les tranquillisants pour agir?*

L'action des benzodiazépines est presque instantanée, celle de la buspirone est un peu plus retardée. La durée d'action est variable en fonction des médicaments et des individus qui les absorbent. En général, plusieurs prises par jour (le plus souvent deux ou trois) sont nécessaires.

6. *Quelle est la durée moyenne du traitement?*

La durée d'un traitement tranquillisant à but anxiolytique doit être au maximum de six à huit semaines environ, avec un arrêt progressif.

7. *Quels sont les effets secondaires?*

Les troubles anxieux sont la cible principale des benzodiazépines. Faut-il pour autant considérer les autres effets comme secondaires (sous-entendus néfastes)? La sédation peut être recherchée, à un moment donné, pour son action soporifique ou la relaxation musculaire pour la détente.

Les principaux problèmes viennent de la réduction des capacités à mémoriser, qui suit surtout la première prise.

Ces médicaments sont contre-indiqués chez les patients souffrant d'insuffisance respiratoire car ils risquent d'aggraver leur maladie.

8. *Les tranquillisants sont-ils des drogues?*

Nous savons que l'arrêt brutal d'un traitement évoluant depuis plusieurs semaines peut se traduire non seulement par un rebond d'anxiété mais également par des symptômes qui évoquent « le manque » des drogués, ou des alcooliques : tremblements, sueurs froides, confusion mentale, etc.

En réalité, des troubles d'une telle intensité sont rares. Une récente étude montre que les prescriptions de BZD sont abandonnées ou suivies très irrégulièrement dans la moitié des cas où elles sont ordonnées de façon systématique, sans discussion ni stratégie préalable. Aucun phénomène de sevrage n'y est signalé.

Deux critères caractérisent les vraies drogues : une dépendance (impossibilité de s'arrêter) et une accoutumance (nécessité d'augmenter les doses pour obtenir un même effet).

Les BZD ne provoquent pas d'accoutumance : une fois la posologie efficace trouvée, il n'est en aucun cas nécessaire d'augmenter les doses.

Il existe néanmoins des cas où les BZD peuvent prendre l'apparence de vraies drogues. On s'est aperçu que certaines personnes, notamment les toxicomanes et les alcooliques, développaient une sensibilité particulière aux BZD, les poussant sans cesse à augmenter leur consommation. Ce n'est qu'à propos de ces observations, rares mais réelles, qu'il est possible de parler de toxicomanie aux benzodiazépines.

Les BZD sont donc des médicaments utiles, mais dont la prescription doit être mûrement réfléchie. En aucun cas, elles ne doivent être considérées comme des substances anodines.

LES ANTIDÉPRESSEURS

1. *Qu'est-ce qu'un antidépresseur?*

Les antidépresseurs ont été ainsi dénommés à la suite de la découverte, à partir du milieu des années cinquante, de leurs effets sur les troubles dépressifs. On s'est aperçu depuis que leur action était également puissante sur l'anxiété généralisée, le trouble panique, les douleurs, les troubles du comportement alimentaire (anorexie, boulimie), etc. Le terme « antidépresseur » n'est donc plus approprié, mais il demeure, pour des raisons historiques.

2. *Sur quoi cela agit-il?*

L'effet antidépresseur de ces médicaments passe par une action sur certains circuits neuronaux. Les plus impliqués sont ceux utilisant la sérotonine, la noradrénaline et la dopamine. Cette liste n'est pas exhaustive et sera probablement complétée dans les années à venir.

3. *Quand les antidépresseurs sont-ils indiqués?*

La tendance est de traiter de plus en plus souvent les troubles anxieux avec des antidépresseurs. La preuve de leur efficacité a été faite dans au moins trois troubles anxieux : le trouble panique avec ou sans agoraphobie, le TOC et les phobies sociales.

A faibles doses, les antidépresseurs peuvent également être actifs sur l'anxiété généralisée.

Outre les troubles dépressifs, les antidépresseurs ont fait la preuve de leur efficacité sur la douleur (activité antalgique indépendante de l'activité antidépressive), l'éjaculation précoce, les migraines, l'énurésie de l'enfant, etc.

4. *Quels en sont les bénéfices attendus?*

La guérison de l'épisode, qu'il soit dépressif ou anxieux.

5. *En combien de temps cela agit-il?*

Le délai d'action est variable en fonction de la pathologie et de l'individu. En moyenne :

– Dix à vingt jours pour obtenir une action sur les troubles dépressifs.

– Une semaine à un mois pour obtenir un arrêt des crises aiguës d'angoisse.

– Un mois pour réduire significativement les conduites obsessionnelles.

Au sein de chacun de ces troubles existent le plus souvent des symptômes anxieux. Leur réduction survient après un délai beaucoup plus court : quelques jours.

6. *Quelle est la durée moyenne d'un traitement antidépresseur?*

Six mois.

7. *Quels en sont les effets secondaires?*

Ils sont variables d'un produit à l'autre et d'un patient à l'autre. Les plus fréquents sont aussi les mieux tolérés : légers tremblements, difficultés d'accommodation (vision un peu floue), sécheresse de la bouche, constipation, troubles de la miction, sensations de vertige, prise de poids ou perte de poids, etc. La plupart de ces effets cèdent spontanément en quelques jours. En cas de persistance, ils peuvent être réduits par une modification de la posologie ou par l'adjonction de médicaments correcteurs.

La prise d'alcool modifie le métabolisme des antidépresseurs. Elle est donc fortement déconseillée.

8. *Quels en sont les risques?*

Certains individus possèdent une conformation de l'œil un peu particulière. Chez eux, la prise de certains antidépresseurs risque d'entraîner une hypertension des liquides oculaires (glaucome par fermeture de l'angle irido-cornéen).

Certains hommes, surtout après la cinquantaine, présentent une augmentation de la taille de leur prostate. Chez eux, le risque de rétention urinaire est plus élevé.

Une prise massive d'antidépresseurs peut entraîner confusion et coma.

9. *Peut-on donner des antidépresseurs à une femme enceinte?*

Les antidépresseurs n'ont été que rarissimement rendus responsables d'anomalies fœtales. Le risque est donc minime. Il convient cependant de tenter d'éviter une telle prescription chez la femme enceinte.

10. *Peut-on donner des antidépresseurs aux personnes âgées?*

A condition de réduire de moitié les doses, les antidépresseurs sont habituellement bien tolérés par les personnes âgées. Certains antidépresseurs entraînent cependant un risque plus élevé de confusion mentale.

11. *Les antidépresseurs sont-ils des drogues?*

Les antidépresseurs exercent une action curative sur un épisode, qu'il soit dépressif ou anxieux. Une fois l'épisode passé, le traitement est facilement interrompu. Les antidépresseurs ne sont donc pas des drogues.

LES BÊTABLOQUANTS

1. *Qu'est-ce qu'un bêtabloquant?*

De nombreuses cellules du corps humain sont pourvues de récepteurs appelés récepteurs bêta, en particulier certaines cellules du système nerveux (les neurones) et les cellules qui constituent le muscle cardiaque.

En bloquant ces récepteurs, les médicaments bêtabloquants empêchent le développement des symptômes physiques de l'anxiété (palpitations, tremblements, etc.).

2. *Quand est-ce indiqué?*

Les bêtabloquants trouvent en priorité leurs indications dans les pathologies cardio-vasculaires (l'angine de poitrine et l'hypertension artérielle notamment).

La pathologie anxieuse où les symptômes physiques entraînent le plus de souffrance est le *trac.* C'est donc l'indication par excellence des bêtabloquants en psychiatrie.

3. *Quels sont les effets secondaires des bêtabloquants?*

Le traitement du trac par les bêtabloquants est toujours ponctuel, jamais au long cours. Les effets secondaires ont donc rarement le temps de s'installer. Parmi les plus fréquents, on note : des nausées, une fatigue, des troubles du sommeil s'ils sont pris en soirée, des sensations de vertiges liées à l'hypotension artérielle, des problèmes cutanés.

4. *Chez qui est-ce interdit?*

Chez les asthmatiques, les insuffisants cardiaques, en cas de certaines anomalies du rythme ou de la fréquence cardiaque, chez certains diabétiques.

Le traitement des attaques de panique et de l'agoraphobie

Il relève principalement des antidépresseurs et aussi de certaines BZP. Trois catégories d'antidépresseurs ont prouvé leur efficacité de façon incontestable : les tricycliques, les sérotoninergiques et les IMAO (ces derniers, en raison de leurs difficultés d'utilisation, sont peu utilisés en France). Le principe consiste à donner, dans un premier temps de faibles doses d'antidépresseur. Ces posologies ne sont pas efficaces sur un trouble dépressif mais elles peuvent l'être sur un trouble panique.

En pratique, on commence, par exemple, par 10 mg d'Anafranil ® ou 2 mg de Prozac ® (ce qui suppose une modalité d'administration particulière qui vous sera expliquée par votre médecin) et l'on poursuit à cette dose dix à quinze jours. Il arrive qu'en début de traitement le patient ressente une nervosité accrue, voire même une recrudescence de ses attaques de panique pendant deux à trois jours. Lorsqu'on commence à des doses très faibles, c'est exceptionnel mais il vaut toujours mieux prévenir le patient de ce risque. S'il ne l'est pas il pourrait rejeter définitivement le traitement. On peut aussi, pour parer à cette éventualité, associer une BZP en début de traitement.

Si les attaques de panique persistent, les doses sont augmentées progressivement par paliers. Le rythme de cette augmentation est variable en fonction des effets

CARNET DE BORD DU TRAITEMENT ANTIDÉPRESSEUR DU TROUBLE PANIQUE

SEMAINES	ÉVOLUTION DU TRAITEMENT	PROBLÈMES POTENTIELS
1re semaine	Diagnostic, explication des buts et de l'organisation du traitement. Début du traitement.	Risques de survenue des effets secondaires : – Sécheresse de la bouche, – Tremblements, – Sédations, – Hypotension orthostatique, – Etc. N'hésitez pas à en parler à votre médecin : ces effets peuvent être réduits.
2e semaine	Augmentation progressive des doses. Vous vous sentez moins anxieux.	
4e semaine	Réduction du nombre d'attaques de panique.	
6e semaine	La réduction du trouble panique et de l'agoraphobie permet de débuter une exposition à des situations peu anxiogènes.	
12e semaine	Arrêt des attaques de panique. Exposition à des situations anxiogènes.	Risque de recrudescence anxieuse au décours des expositions.
15e semaine	Arrêt de l'agoraphobie.	
24e semaine	Début de la réduction du traitement.	Risque de recrudescence anxieuse.

obtenus, de la tolérance et parfois de la réticence du patient à augmenter les doses.

Chez certains patients, les doses pour être efficaces peuvent aller au-delà de 150 mg d'Anafranil ®. En revanche, il semble peu utile d'augmenter les doses de Prozac ® au-delà de 20 mg par jour. En cas d'échec on peut être amené à associer deux ATD, mais cette décision relève avant tout du spécialiste.

Le délai d'action des ATD est de dix jours à trois semaines, parfois plus pour certains individus, il ne faut donc pas se décourager trop vite.

La durée de traitement est classiquement de six mois à compter du jour où les attaques de panique ont cédé. On diminue ensuite progressivement les doses sur quelques semaines. Certains patients ont besoin de traitement plus long s'étalant sur douze à dix-huit mois.

Il faut noter que si les études et la pratique clinique ont montré de façon incontestable l'efficacité de certains antidépresseurs sur le trouble panique, la plupart n'ont pas l'autorisation d'être commercialisée dans cette indication. Il arrive donc fréquemment de voir les pharmaciens surpris par l'usage que l'on en fait.

L'autre grande classe de médicaments efficaces sur le trouble panique est constitué par les BZP. Le chef de file de cette classe médicamenteuse est l'alprazolam (Xanax ®). Il faut en général des doses importantes, de l'ordre de 3 à 6 mg par jour. A ces doses le principal inconvénient est un effet sédatif qui peut être gênant, notamment pour les travailleurs.

Revenons à Mme O. qui présentait des attaques de panique dans sa cuisine. Elle préféra un traitement médicamenteux plutôt qu'une psychothérapie. Nous avons commencé par lui donner 10 mg d'Anafranil ®, le soir au coucher. Comme elle présentait une forte anxiété anticipatoire, nous lui avons prescrit en plus un quart de comprimé de Lexomil ® matin, midi et soir en lui précisant bien que la durée de ce traitement n'excéderait pas deux à trois semaines.

Au bout d'une semaine l'anxiété anticipatoire était sensiblement atténuée. En revanche les crises étaient toujours présentes. L'Anafranil ® fut augmenté par palier de 10 mg jusqu'à 60 mg au cours de la consultation hebdomadaire. Au bout de trois semaines, les crises étaient d'une intensité moindre. Conformément au contrat initial, le tranquillisant fut arrêté en diminuant les doses progressivement, sans difficulté.

Après six semaines de traitement, la patiente qui était sous 60 mg d'Anafranil ®, fut enchantée de nous annoncer qu'elle n'avait eu aucune crise au cours de la semaine. Il lui fut alors demandé d'affronter les lieux qu'elle évitait (consigne d'exposition). Ce qu'elle fit à sa plus grande satisfaction.

Les traitements médicamenteux des troubles paniques sont considérés comme efficaces à 80 % par les équipes américaines et européennes qui ont une grande expérience dans ce domaine. Il semble que le plus souvent l'amélioration se maintienne après l'arrêt du traitement, mais on ne dispose pas encore de recul suffisant pour connaître les délais et les taux de rechute précis.

Le traitement des phobies

En dehors de l'agoraphobie, dont le traitement peut être lié à celui du trouble panique, seules les *phobies sociales* sont accessibles aux traitements médicamenteux. Aucune molécule n'a fait la preuve d'une véritable efficacité dans le traitement des phobies simples. Elles n'auraient d'ailleurs que peu d'intérêt car les traitements comportementaux par exposition donnent des résultats positifs dans presque 100 % des cas.

L'anxiété de performance (le trac)

L'objectif du traitement médicamenteux du trac est d'en diminuer les effets périphériques (palpitations, essoufflement, tremblements, etc.) sans pour autant entraîner de somnolence. En effet, souvent il s'agit d'accomplir une performance intimidante, comme prendre la parole en public ou passer un examen, au cours de laquelle on a besoin de toutes ses capacités intellectuelles. Pour cela on utilise des substances appelées bêtabloquantes parce qu'elles empêchent les effets de l'adrénaline et de la noradrénaline sur les récepteurs bêta. Ces médicaments sont principalement utilisés en cardiologie dans le traitement de l'angine de poitrine et de l'hypertension artérielle.

Ils permettent donc d'avoir moins de palpitations, de sueurs, de tremblements, de poser mieux sa voix au moment de l'épreuve, etc. Les bêtabloquants ont de nombreuses contre-indications (voir p. 163-164) et ne peuvent être prescrits qu'après un examen médical complet. Ces substances ne sont indiquées que dans les situations exceptionnelles et se prennent avant l'épreuve, en dose unique.

L'anxiété en situation sociale

Le traitement de choix de l'anxiété en situation sociale est constitué par les IMAO. On a vu les inconvénients que posaient ces substances au paragraphe sur les troubles paniques. Les « nouveaux IMAO, comme la Moclamine® ou la Brofaromine®, n'ont pas ces inconvénients; ils commencent à être étudiés dans le cadre de l'anxiété sociale et les premières études montrent une efficacité comparable à celle de leurs aînés.

Le traitement du trouble obsessionnel compulsif

Il existe actuellement trois antidépresseurs et seulement trois qui ont fait la preuve de leur efficacité sur le TOC. Le premier est tricyclique, c'est la clomipramine (Anafranil®). Il se prescrit selon les mêmes modalités que pour le trouble panique, mais on est fréquemment amené à augmenter les doses. Les deux autres sont la fluvoxamine (Floxyfral®) et le fluoxétine (Prozac®). Ces deux molécules agissent préférentiellement sur le système sérotoninergique. Le Floxyfral® se prescrit à raison de deux à six comprimés par jour répartis aux trois repas, il peut entraîner comme effet secondaire quelques troubles digestifs (sensations nauséeuses), des moments de somnolence en début de traitement et rarement, des troubles sexuels (retard éjaculatoire). Le Prozac® peut se prescrire en une seule prise à des doses variables parfois élevées, il est en général très bien toléré.

Le traitement de l'anxiété généralisée et des insomnies

L'anxiété généralisée est souvent considérée comme l'indication de choix des tranquillisants. Il faut cependant être vigilant à la manière de prescrire ces traitements. En effet, le risque serait de les prescrire rapidement sans avoir fait au préalable une bonne analyse des problèmes. Lorsque l'on procède ainsi, le patient s'installe dans un confort relatif qui peut conduire à une prise de tranquillisant chronique. Pour éviter cet écueil, il convient d'aborder l'anxiété généralisée avec la double approche médicamenteuse et cognitivo-comportementale ou au minimum de faire une prescription comportemen-

TRANQUILLISANTS UTILISÉS EN PRATIQUE QUOTIDIENNE

Les benzodiazépines (ex : Témesta®, Tranxène®, Valium®, Xanax®, etc.).

Les médicaments apparentés aux benzodiazépines (Ananxil®).

La buspirone (Buspar®).

Les carbamates (ex : Equanil®, Procalmadiol®).

L'Atrium® (association d'un barbiturique et d'un carbamate).

Certains neuroleptiques à faibles doses (Nozinan®, Tercian®, Haldol®, Largactil®, Melleril®, Dogmatil®, etc.).

Certains antidépresseurs à faibles doses (Ludiomil®, Laroxyl®, Défanyl®, etc.).

Certains antihistaminiques (Atarax®, Phénergan®, etc.).

Certains barbituriques. Cette pratique est heureusement en train d'être abandonnée.

De nombreuses spécialités homéopathiques et phytothérapiques.

---

tale du traitement anxiolytique. Il s'agit alors de passer un contrat thérapeutique avec le patient en début de prescription. Ce contrat précise la durée du traitement, la posologie, les effets attendus du traitement mais surtout les solutions envisagées par le patient pour que l'amélioration de son état anxieux perdure au-delà du traitement tranquillisant. Autrement dit le traitement tranquillisant ne devrait être envisagé que comme une étape. Il permet d'agir en urgence sur la souffrance du patient mais ce n'est en aucun cas un traitement de longue durée.

L'usage d'un tranquillisant a deux objectifs : une réduction de l'anxiété et une amélioration des troubles du sommeil.

Le choix d'un tranquillisant dépend de :

– l'intensité de l'anxiété que l'on veut traiter,

– des caractéristiques du patient (personne âgée, femme enceinte, adolescent...),

– de la situation socioprofessionnelle (personne qui travaille, conducteur d'engins, préparation d'examen...),

– du contexte pathologique (durée d'évolution, association à une autre pathologie comme l'alcoolisme...).

En fonction de tous ces paramètres on choisit un produit qui est défini par l'importance de son effet anxiolytique en comparaison à son effet sédatif, sa durée d'action, ses contre-indications et ses effets secondaires.

Prenons l'exemple de Marianne qui présentait, à la suite d'une longue période d'anxiété, un état anxio-dépressif. Les éléments anxieux étant dominants, il fut décidé avec Marianne que le traitement débuterait par une BZD seule et que si la composante dépressive n'avait pas cédé en quinze jours, on compléterait par un traitement antidépresseur. De même, un contrat thérapeutique a été passé avec Marianne qui précisait la durée totale du traitement (six semaines) et les bénéfices qu'elle pouvait en attendre.

On débuta d'emblée à dose efficace soit un demi Lexomil® matin, midi et soir. Le traitement eut d'emblée un effet apaisant ce qui permit à Marianne de prendre du recul, au cours des entretiens, par rapport à sa vie actuelle professionnelle et affective. Le traitement fut poursuivi jusqu'à son terme sans avoir recours aux antidépresseurs puis Marianne décida de s'engager dans un traitement psychothérapique.

Le traitement de l'état de stress post-traumatique

Le traitement médicamenteux de l'état de stress post-traumatique n'est pas codifié par la communauté scientifique : il peut faire appel à la fois aux tranquillisants et aux antidépresseurs.

CHAPITRE 10

Les psychothérapies

Littéralement psychothérapie signifie « soigner l'esprit ». Une psychothérapie c'est donc un traitement qui utilise des procédés psychologiques. Il existe de nombreuses formes de psychothérapies dont la plus célèbre est actuellement la psychanalyse.

En pratique individuelle on a recourt principalement à quatre types de psychothérapies.

La psychothérapie de soutien. C'est la plus simple, elle utilise pour référence l'expérience et l'ensemble des connaissances du thérapeute. Il s'agit d'aider le patient au jour le jour par une écoute bienveillante et des conseils qui lui permettront de clarifier les situations qu'il rencontre et qui le soutiendront dans les phases critiques. Le nombre de séances n'est pas fixé à l'avance, leur rythme est adapté à l'état du patient et à sa demande. Le principal avantage de cette méthode est sa souplesse, son principal inconvénient est son manque de spécificité qui la rend relativement peu efficace pour traiter des problèmes précis comme le trouble panique ou les phobies sociales.

La psychanalyse. C'est, à la fois, une théorie de l'appareil psychique, un système philosophique et une pratique psychothérapeutique. La fonction soignante de ce mode d'exercice a pu être contestée. Pour Freud qui en est le créateur, la psychanalyse est bien d'abord et avant tout une technique de traitement des troubles psychiques.

Le patient est allongé sur le divan et n'a pour seule consigne que de s'employer de son mieux à exprimer tout ce qu'il pense et tout ce qu'il ressent. Le thérapeute est en dehors de son champ de vision et intervient peu. Le traitement s'étale sur plusieurs années, à raison de 2 à 4 séances par semaine. Son ambition est d'explorer la personnalité.

Les inconvénients classiques de la psychanalyse sont sa durée et son coût, avec la quasi-impossibilité de débuter un traitement durant la phase critique, c'est-à-dire au moment où les symptômes de la maladie sont très marqués.

Cependant elle est parfois indiquée lorsque la période symptomatique a été traitée soit par une chimiothérapie, soit par une autre psychothérapie. De nombreux témoignages vantent ses bienfaits (voir notamment les livres de Pierre Rey et de Madeleine Chapsal...).

Les thérapies comportementales. Ces traitements sont principalement axés sur les « manières de faire » des patients. Elles partent du principe qu'il faut corriger un comportement dysfonctionnel qui fait souffrir le patient et aggrave sa pathologie. Le patient intervient comme co-thérapeute et a donc un rôle actif à jouer pendant tout le traitement. De son côté le thérapeute est très intervenant et directif, parfois il va même jusqu'à accompagner le patient pour l'aider à affronter des situations particulièrement anxiogènes. Ce type de thérapie est de courte durée (de trois à dix-huit mois) avec souvent de bons résultats. Ses détracteurs lui reprochent de ne pas s'intéresser aux sens des symptômes qui risqueraient ainsi de réapparaître sous une autre forme.

Les thérapies cognitives. Elles sont presque toujours associées aux thérapies comportementales qu'elles complètent en analysant et éventuellement en modifiant le mode de fonctionnement de la pensée. La théorie cognitive suppose que le patient traite les informations qu'il reçoit de façon erronée. Ainsi, l'anxieux interprète tous les événements qui se produisent autour de lui dans un sens de danger et/ou d'incertitude sur l'avenir. De même que pour le comportementalisme, le patient participe activement à la prise en charge. Une thérapie cognitive dure de quatre à six mois. Les équipes américaines qui les utilisent systématiquement ont publié d'excellents résultats dans le traitement des troubles anxieux. Ces résultats seraient, d'après elles, plus durables que pour les autres formes de prise en charge – qu'elles soient psychothérapiques ou chimiothérapiques.

Les deux psychothérapies de choix pour les phases critiques des troubles anxieux sont donc les thérapies comportementales et cognitives. Nous présenterons des protocoles qui combinent ces deux techniques *.

Le traitement cognitivo-comportemental du trouble panique

M. K. est un vieux « paniqueur ». Âgé maintenant de 45 ans, il présente des attaques de panique depuis vingt

* Le lecteur intéressé pourra s'adresser à l'*Association française de thérapie cognitivo-comportementale* (AFTCC), 100 rue de la Santé, 75674 Paris Cedex 14.

ans. Marié, père de deux enfants, il est ingénieur dans une entreprise de télécommunication.

Il se souvient très bien de sa première attaque. Elle s'est produite au cours d'un déjeuner auquel assistait l'un de ses amis médecin.

On l'emmena aux urgences à l'hôpital où il fut hospitalisé en cardiologie, car tout le monde crut à un problème cardiaque. Comme l'ensemble des examens s'est révélé négatif, le psychiatre de l'hôpital fut appelé. Ce dernier diagnostiqua des problèmes de personnalité et conseilla à M. K d'entreprendre une psychanalyse.

Pendant six mois M. K vit son psychanalyste une fois par semaine. Les entretiens se déroulaient face à face. Il commença ainsi à mieux percevoir l'étendue des conflits qui avaient jalonné son existence. Les crises qui au début étaient quotidiennes, n'étaient plus qu'hebdomadaires. Conjointement, M. K et son psychanalyste décidèrent d'augmenter la fréquence de leurs entretiens et de débuter une cure classique, c'est-à-dire allongé sur un divan, au rythme de trois fois par semaine. L'analyse dura trois ans à l'issue desquels M. K considéra avoir fait beaucoup de progrès. Les rapports avec autrui lui semblaient plus faciles, mais les crises n'avaient pas encore complètement disparu.

Peu à peu, il était devenu agoraphobe : il craignait d'entrer dans les grandes surfaces, ne supportait pas les hauteurs et avait renoncé à prendre le métro et l'avion. Cependant cette agoraphobie était d'une intensité modérée car, en cas de force majeure, il parvenait à surmonter sa phobie, mais en prenant de fortes quantités de tranquillisants et au prix de gros efforts qui l'épuisaient. Il avait complètement renoncé aux voyages qui constituaient son loisir favori et il évitait au maximum ceux qui lui étaient imposés par sa vie professionnelle; ce qui commençait à être remarqué par ses collègues.

Première consultation

Le diagnostic a été établi au cours de la première visite. Le thérapeute a pu faire connaissance avec son patient et comprendre ses conditions de vie dans les différents registres familiaux, professionnels et de loisirs. La thérapie cognitivo-comportementale peut commencer. Le praticien explique clairement au patient son principe qui repose sur trois pôles :

– d'une part apprendre des techniques de contrôle émotionnel,

– d'autre part procéder à une restructuration cognitive,

– et enfin apprendre à se confronter aux situations anxiogènes en les contrôlant.

Cette première consultation va principalement servir à poser le cadre de la thérapie. Des objectifs précis vont être fixés en fonction de la gêne éprouvée dans la vie quotidienne du patient. C'est ce que l'on appelle l'analyse fonctionnelle. C'est une étape essentielle car elle fixe les bases de la thérapie.

Pour M. K. l'objectif était de contrôler ses attaques de panique et d'être capable de se confronter sans anxiété aux situations qu'il évitait : le métro, les grandes surfaces, les voyages en avion, certaines salles de restaurant, les embouteillages, etc. Ces situations sont soigneusement hiérarchisées de la plus anxiogène à la moins anxiogène (cf. tableau suivant). On fixe aussi le nombre de séances qui paraît nécessaire pour atteindre les objectifs. Un planning peut alors être décidé. Le problème de M. K. paraît soluble en une dizaine de séances d'une heure, à raison d'une séance par semaine. Enfin le thérapeute passe un contrat avec son patient dans lequel il est précisé :

– le temps que le patient est prêt à consacrer à sa thérapie,

– les objectifs qu'il se donne,

– mais aussi les éventuelles habitudes qu'il est prêt à changer ou même les avantages que lui donne son handicap actuel et auxquels il devra renoncer.

M. K. avait pris l'habitude d'être surprotégé par son épouse qui n'hésitait pas à le décharger de tout ce que son agoraphobie entravait. Il n'avait jamais à faire une course seul et elle l'accompagnait très souvent en voiture à des rendez-vous.

Enfin avant de quitter le patient, il lui est demandé de procéder à des auto-évaluations. Pour cela, on lui remet un carnet sur lequel il va devoir noter tous les épisodes anxieux auxquels il sera soumis au cours de la semaine. Il y précisera dans une colonne les symptômes physiques qu'il a ressentis, dans une autre colonne, toutes ses pensées apparues au cours de l'épisode anxieux. Enfin, on lui demandera d'évaluer l'intensité de l'épisode anxieux sur une échelle de 0 à 10. C'est à partir de ces auto-évaluations que l'évolution précise du trouble pourra être appréciée et que les distorsions cognitives pourront être mises en évidence.

HIÉRARCHISATION DES SITUATIONS ANXIOGÈNES DE M. K.
1 – Faire deux stations de métro, accompagné 2 – Faire deux stations de métro, seul 3 – Traverser seul la place du marché 4 – Faire cinq stations de métro, seul, à des heures creuses 5 – Faire cinq stations de métro, seul, aux heures de pointe 6 – Aller faire ses courses seul au supermarché 7 – Rester bloqué 30 mn dans un embouteillage 8 – Rester bloqué 30 mn dans un embouteillage sous un tunnel

Deuxième consultation

Cette consultation se donne deux objectifs :

– identifier les pensées automatiques associées à l'anxiété. Ces dernières vont servir de base à la restructuration cognitive ;

– débuter l'apprentissage de la relaxation.

Pendant sa semaine M. K. était en vacances à la montagne. Il avait noté une attaque de panique d'intensité 8, alors qu'il faisait une marche. Au cours de l'ascension d'un sentier un peu raide, il a été pris d'une sensation d'angoisse. Il avait noté des palpitations très fortes, un essoufflement, la peur de perdre connaissance. Dans la rubrique « pensée », le film qui lui était venu à l'esprit retraçait l'épisode de son beau-frère en réanimation un mois plus tôt pour un infarctus du myocarde. Au cours de la consultation, M. K. se rappelle clairement que son attaque a débuté par des palpitations et que c'est en prenant conscience que l'attaque de panique s'est enclenchée. Progressivement il a été capable de formuler sa pensée automatique qui était : *le cœur qui bat fort égal infarctus du myocarde.* C'est cette pensée qui a été à l'origine de son attaque de panique. Il a ensuite appris à la critiquer et à la reformuler de façon plus conforme à la réalité. Pour cela, il a fait un travail écrit sur un cahier à trois colonnes. Dans la première il note sa pensée automatique *(le cœur qui bat fort égal infarctus du myocarde);* dans la seconde, il note les éléments de réalité les plus objectifs possible *(un cœur qui bat fort est le résultat de n'importe quel effort ou émotion, il ne reflète en rien le risque d'infarctus mais au contraire est un phénomène physiologique normal et indispensable);* dans la troisième colonne il reformule sa pensée initiale en fonction de la réalité *(c'est normal que mon cœur batte fort, je n'ai pas à m'inquiéter).* Le patient doit utiliser ses propres mots dans cette dernière colonne car il devra se servir de cette nouvelle formulation à chaque fois que sa pensée automatique lui viendra à l'esprit. Avant de le quitter nous lui donnons pour tâches de continuer les autoévaluations et de pratiquer les exercices de relaxation qu'il vient d'apprendre.

La relaxation

Il existe de très nombreuses techniques de relaxation qui vont du yoga à la sophrologie en passant par des techniques plus classiques comme le training autogène de Schulz. Si elles sont souvent sujet à polémique, c'est que un certain nombre d'entre elles ouvrent à une véritable philosophie de la vie. Nous n'entrerons pas dans ces polémiques. Pour contrôler son anxiété il suffit d'une pratique de la relaxation inspirée de deux techniques de base : le training autogène de Schulz et la technique de Jacobson.

L'objectif est de contrôler son tonus musculaire en se concentrant sur ses sensations internes. C'est une pratique qui n'est pas naturelle. Il faudra l'apprendre et l'entretenir par un entraînement régulier.

La respiration est le vecteur basal de la relaxation. Chaque séance commence par un exercice respiratoire. L'anxieux a tendance à avoir une respiration superficielle et rapide. Pour la relaxation, il apprend à respirer « par le ventre », c'est-à-dire avec le diaphragme uniquement qui lui fait gonfler le ventre à chaque inspiration et lentement.

A chaque séance le patient apprend de nouvelles étapes dans la technique de relaxation. Il s'y exerce plusieurs fois par jour entre chaque session. Il s'entraîne simultanément à une technique allongée et une technique dite « portable » qu'il peut pratiquer assis ou debout, c'est-à-dire dans toutes les situations où il risque de rencontrer une crise d'angoisse.

Au cours des troisième et quatrième séances

Il apprend à déterminer ses monologues de « coping », c'est-à-dire le discours intérieur qu'il va devoir se tenir dans la situation anxieuse.

On lui explique que la situation anxieuse doit être traitée en quatre étapes :

– 1° la phase préparatoire au cours de laquelle il prépare à la fois ses techniques de relaxation et les monologues qu'il va utiliser;

– 2° la confrontation à la situation au cours de laquelle le but est de rester centré sur ce qu'on a à faire ou sur la situation présente et de contrôler l'anxiété par la relaxation et les monologues. Il faut être vigilant à ne pas rester focalisé sur ses sensations internes mais sur la situation elle-même;

– 3° l'impression d'être submergé. Cette étape n'est pas toujours présente mais il faut s'y préparer au cas où elle arriverait. Au cours de cette étape, il faut comprendre que l'anxiété n'est pas dangereuse et l'accepter pour ce qu'elle est, c'est-à-dire une émotion qui ne durera pas et tenter à nouveau de rester focalisé sur la situation;

– 4° l'évaluation de ses efforts. Il s'agit d'évaluer les méthodes que l'on a mises en place pour faire face à son anxiété afin de voir ce qui a été efficace et ce qui ne l'a pas été, afin de progresser lors des tentatives futures.

Outre ses autoévaluations qu'il continue de pratiquer régulièrement, le patient doit progressivement apprendre à se reconfronter à son anxiété en la contrôlant. Avant de lui demander de s'exposer, il va devoir faire des exercices de visualisation.

Le principe consiste à se représenter dans une scène en ressentant précisément les sensations qui sont engendrées par la scène. Pour que le patient s'y habitue on lui fait visualiser une scène du type suivant : *Vous êtes sur une plage en été et marchez dans l'eau. Vous sentez vos pieds qui s'enfoncent légèrement dans le sable et les vagues contre vos mollets. L'eau est froide. Le soleil vous cuit les épaules et vous sentez de grosses gouttes de sueur qui coulent le long de votre front. Vous avez soif, votre bouche est sèche...*

Puis les scènes visualisées vont être les situations anxieuses en commençant toujours par les moins anxieuses et en apprenant au patient à contrôler son anxiété au fur et à mesure.

Le contrôle des attaques de panique

A partir de la quatrième séance, l'équipe constituée du patient et de son thérapeute va au-delà de la visualisation en provoquant une attaque de panique au cours de la séance. Cet exercice prouvera au patient qu'il peut contrôler une crise aiguë d'angoisse.

Il existe différentes manières de provoquer l'attaque, le plus souvent on utilise l'hyperventilation qui consiste à faire respirer le patient très vite et superficiellement en haletant. Quand la crise est déclenchée le patient décrit ses sensations physiques et il les contrôle une à une, tout d'abord en maîtrisant son rythme respiratoire puis à l'aide des techniques de relaxation. En paralèlle toutes ses pensées automatiques sont notées et seront discutées avec le thérapeute. Le patient peut alors s'exposer « in vivo » aux situations réelles.

M. K. devait s'exposer au transport en métro. Muni de son carnet d'autoévaluation, il avait pris la précaution de noter sur un petit papier collant les différentes techniques qu'il devait utiliser lorsque l'anxiété viendrait. Les monologues de sa restructuration cognitive étaient : « le métro n'est pas dangereux, au contraire », et « on n'a jamais vu quelqu'un étouffer dans une rame de métro ». La lecture de son carnet a montré que l'anxiété était montée à 7 puis rapidement elle était redescendue à 3. M. K. était surpris de constater que le remplissage de son carnet était déjà une manière de ne pas se laisser envahir brutalement par son anxiété.

Cinquième séance

En plus de la poursuite des techniques décrites plus haut, il faut prendre en considération l'attitude de l'entourage par rapport au traitement. En effet, il arrive souvent que la famille s'adapte au handicap du patient et qu'elle ait plus de mal à s'adapter à sa guérison.

Mme K. semblait accepter difficilement de laisser son mari partir faire seul les courses. Elle, qui n'avait jamais travaillé, avait l'impression que l'on empiétait sur ses prérogatives. Aussi nous lui proposâmes de venir à la consultation suivante afin qu'elle prenne part au traitement, ce qu'elle accepta avec une certaine réticence. Sa participation lui permit de lever, en grande partie, ses résistances au changement.

Sixième, septième, huitième et neuvième séances

Les mêmes techniques sont appliquées en suivant l'ordre précis établi au cours de la première séance. Il faut procéder par étape en ne passant à la suivante que lorsque l'anxiété a été parfaitement contrôlée précédemment. Progressivement le patient établit sa propre liste

CARNET DE BORD DE LA THÉRAPIE COGNITIVO-COMPORTEMENTALE DU TROUBLE PANIQUE

SEMAINES	ÉVOLUTION DU TRAITEMENT	PROBLÈMES POTENTIELS
1re et 2e semaines	Diagnostic. Explication de la thérapie cognitive. Mise en place du contrat thérapeutique et du calendrier de soins. Hiérarchisation des situations déclenchant des attaques de panique. *Exercice* à faire entre les deux séances : Enregistrement des activités.	Si les explications vous semblent obscures : n'hésitez pas à questionner votre thérapeute. Possible recrudescence anxieuse : c'est normal, vous vous observez. Vous pouvez avoir du mal à être bien régulier dans le remplissage des carnets d'activité : persévérez.
3e semaine	Vous apprenez à repérer tous vos symptômes d'anxiété. Apprentissage de techniques de relaxation. Introduction à la technique de gestion de la situation anxieuse : le coping. *Exercices :* – relaxation quotidienne et carnets d'activité. – Exposition à des situations encore peu anxiogènes	Risque de recrudescence anxieuse lors des expositions.

SEMAINES	ÉVOLUTION DU TRAITEMENT	PROBLÈMES POTENTIELS
4e semaine	Vous commencez à repérer les rapports entre cognitions, émotions et comportements. Poursuite de la relaxation. Apprentissage du contrôle respiratoire et du contrôle panique.	L'utilisation de ces techniques peut vous sembler artificielle. Continuez, l'automatisme viendra.
	Restructuration cognitive, introduction à la visualisation. Exposition à des situations plus anxiogènes.	Si vous éprouvez des difficultés à maîtriser les techniques de ventilation, parlez-en à votre thérapeute : il existe des moyens pour vous rendre la tâche plus aisée.
5e-12e semaines	Exposition à des situations de plus en plus anxiogènes. Relaxation. Épreuves de réalité. Les attaques de panique et l'agoraphobie sont maîtrisées.	Vos modifications de comportement troublent votre entourage. Parlez-en avec vos proches et, éventuellement, amenez-les à la prochaine consultation.
13e semaine	Fin du traitement. Bilan et liste des techniques de « coping » efficaces, pouvant être réutilisées.	

de techniques qui sont efficaces pour lui pour composer avec l'anxiété.

La dixième séance est celle du bilan et surtout du programme que le patient doit continuer à appliquer seul. Le risque est que, par confort, il se mette à nouveau à éviter certaines situations, entrant à nouveau dans le cycle phobique.

M. K. avait réussi à s'exposer sans anxiété supérieure à 6 à toutes les situations qu'il redoutait. Il en était enchanté et avait repris une vie normale. Cependant il craignait que cette situation soit précaire et qu'il rechute à l'arrêt des consultations. C'est souvent ce qui persiste le plus longtemps : la peur de la peur. C'est une forme d'anxiété anticipatoire qui fait craindre le retour des symptômes. « Ça fait tellement longtemps que je suis mal que je n'arrive pas à me faire à l'idée que c'est fini. »

C'est là où les thérapies cognitivo-comportementales sont souvent plus efficaces que les traitements médicamenteux car le patient a appris des techniques qu'il pourra réutiliser. Si une nouvelle alerte se présente il pourra y faire face.

De fait, six mois après la fin de la thérapie, M. K. semblait plus sûr de lui ; il avait à nouveau plein de projets de voyage.

Le traitement des troubles phobiques

Phobies simples

Le principal problème des phobies simples est finalement de s'assurer du diagnostic pour ne pas les confondre avec l'agoraphobie. Si les phobies sont isolées, le traitement est le plus souvent rapide.

Dans un premier temps, les patients acquièrent les techniques de relaxation. Dans un second temps ils sont préparés pour affronter le stimulus par une exposition en imagination et enfin, progressivement, le phobique est exposé à la cause de son angoisse.

C'est ainsi qu'il en a été pour M. J., qui ne supportait pas l'avion. Les mécanismes de l'angoisse puis les différentes phases du traitement lui ont été expliqués. Après quelques exercices de relaxation, ce fut le début des séances d'exposition en imagination : M. J. devait raconter au cours de la consultation son trajet depuis son domicile jusqu'à l'aéroport et signaler tous les moments de tension qui pourraient s'y produire.

Allongé, les yeux fermés, il parvint à se plonger dans son voyage, au point de présenter quelques épisodes de panique. Ces épisodes ont été maîtrisés par la relaxation et l'évaluation cognitive de la situation.

Après trois séances d'exposition en imagination, M. J. était parvenu à monter dans l'avion (en pensée).

Quinze jours plus tard, il prenait l'avion.

Phobies sociales

Plus encore que les autres formes d'anxiété, les phobies sociales bénéficient d'un traitement en groupe.

Ces groupes appelés également groupe d'affirmation de soi permettent l'acquisition d'un comportement assertif. C'est-à-dire une capacité d'exprimer l'ensemble de ses opinions sans agressivité ni émotions excessives.

Ce type d'anxiété est lié essentiellement à l'environnement humain, qu'il s'agisse de parler en public ou de se montrer « à la hauteur » dans une soirée. Très souvent ce qui est redouté, c'est le regard de l'autre auquel on accorde un poids excessif.

L'entraînement aux habiletés sociales est donc basé

une fois de plus sur l'exposition, mais il nécessite des aménagements propres à chaque situation.

Le plus simple est de réunir un groupe de six à huit personnes qui présentent des difficultés à s'exprimer en public, de leur faire jouer, chacun son tour, le rôle qui pose problème (les autres patients jouant l'entourage) et de discuter ensuite, cas par cas, des événements cognitifs qui ont pu se produire pendant cette mise en situation sociale.

L'efficacité de cette double prise en charge (abord cognitif et exposition) a été remarquablement démontrée par les équipes de scientifiques, sur l'anxiété de performance.

54 pianistes, présentant une anxiété en public rendant impossible le bon déroulement de leur carrière, furent sélectionnés pour participer à cette étude. Ils furent répartis en trois groupes de 18 personnes : le premier, devant servir de référence, ne fut pas traité (les sujets restèrent en liste d'attente). Le second avait à effectuer deux fois par semaine pendant trois semaines des concerts devant un public peu nombreux mais instruit de la situation qui devait encourager et soutenir les patients (exposition simple). Chacun des membres du troisième groupe était filmé en vidéo et les bandes étaient ensuite visionnées avec le thérapeute. Le patient et le thérapeute discutaient alors les pensées émises au cours de ce concert dont le public restait silencieux.

Comme on pouvait s'y attendre, les résultats des deux groupes pris en charge furent bien meilleurs que le groupe mis en liste d'attente. Les deux groupes traités ne présentaient par contre pas de différence dans un premier temps. La plupart des musiciens qui y participèrent purent reprendre leur carrière interrompue. Cependant, quelques mois plus tard, ces pianistes furent de nouveau évalués. Les personnes ayant bénéficié d'une approche cognitive (le groupe vidéo) présentaient nettement moins de trouble anxieux en concert et avaient une impression bien meilleure de leur efficacité personnelle.

Le traitement du trouble obsessionnel compulsif

Le TOC s'articule en deux temps : une phase idéative où les obsessions sont considérées comme le stimulus déclenchant l'anxiété et une phase comportementale (les compulsions) destinée à réduire ce niveau d'anxiété.

L'idée générale du traitement consiste à exposer le patient à un stimulus déclenchant l'anxiété, et à l'empêcher d'y répondre par son comportement habituel. Progressivement, d'autres stratégies, plus adaptées et non anxiogènes, sont mises en place.

M. L. était un grand obsessionnel du lavage. Le moindre contact avec la saleté le propulsait vers le lavabo le plus proche.

La première partie du traitement a consisté à lui faire toucher différents objets dans le cabinet de consultation (un cendrier contenant quelques cigarettes éteintes, la moquette, etc.) et à l'autoriser à aller se laver ensuite.

Dans un second temps, il était exposé à ces situations de saleté mais il savait qu'il ne pourrait pas se laver immédiatement après.

Enfin, dans un troisième temps, il était convenu qu'il ne se laverait pas du tout après.

Bien entendu, au cours de ces périodes très anxiogènes, le patient était invité à exprimer toutes ses angoisses. Ces angoisses étaient maîtrisées par des techniques de restructuration cognitive et par des techniques de relaxation.

Cette exposition avec prévention de la réponse est

maintenant une technique bien maîtrisée, qui apporte d'excellents résultats, essentiellement chez les patients présentant une association obsession-compulsion. Pour ceux dont le TOC se résume à des troubles de la pensée (uniquement des obsessions, pas de compulsion), le recours à un traitement médicamenteux offre des chances de guérison nettement plus importantes.

Le traitement de l'anxiété généralisée

Ici encore, c'est la combinaison de plusieurs techniques qui permet d'obtenir les améliorations les plus durables.

La relaxation est indispensable dans cette indication. Il s'agit non seulement d'apprendre au patient à obtenir un bon état de détente musculaire et de concentration mais encore de pouvoir généraliser ces techniques de relaxation aux situations anxiogènes qu'il rencontre. Après avoir débuté allongé, il pratique la relaxation assis et debout.

Pour la restructuration cognitive, il est nécessaire de consacrer plus de temps à l'identification des pensées automatiques que dans les autres troubles anxieux. En effet, l'anxiété étant apparemment diffuse, il est plus difficile de faire préciser les circonstances dans lesquelles elle est exacerbée. « Je suis anxieux en permanence », répètent les anxieux généralisés. Cependant en expliquant au patient comment être attentif à ses processus de pensée et en lui demandant de ne pas fuir les situations anxiogènes mais au contraire de les rechercher, on peut ainsi mettre en évidence les pensées dysfonctionnelles. Il s'agit ensuite de les lui faire critiquer en montrant en quoi elles sont décalées par rapport à la réalité et enfin d'y substituer des pensées rationnelles et adaptées.

Par définition l'anxiété généralisée est une préoccupation excessive par rapport à la réalité des situations rencontrées. Mais souvent les patients sont confrontés à des problèmes réels. Il faut alors les aider à bien identifier la situation et envisager avec eux les moyens d'en sortir ou d'y faire face de façon plus appropriée. On applique une technique de résolutions de problèmes qui vise à mettre en évidence toutes les possibilités de changement et les méthodes pour les mettre en application. Souvent le patient n'y a pas pensé lui-même ou n'a pas osé envisager les changements nécessaires. Ce type d'approche permet d'éviter la diffusion de l'anxiété, à partir de quelques foyers limités, à l'ensemble des domaines de vie du patient.

Enfin, le traitement de l'anxiété généralisée doit toujours comprendre une amélioration de l'hygiène de vie du patient. Il faut, en particulier, l'encourager à arrêter complètement le café et autres excitants et l'inviter à faire de l'exercice physique régulièrement. Une exploration détaillée du style de vie du patient montre souvent des habitudes ou des modes de vie mal adaptés qui exacerbent l'anxiété.

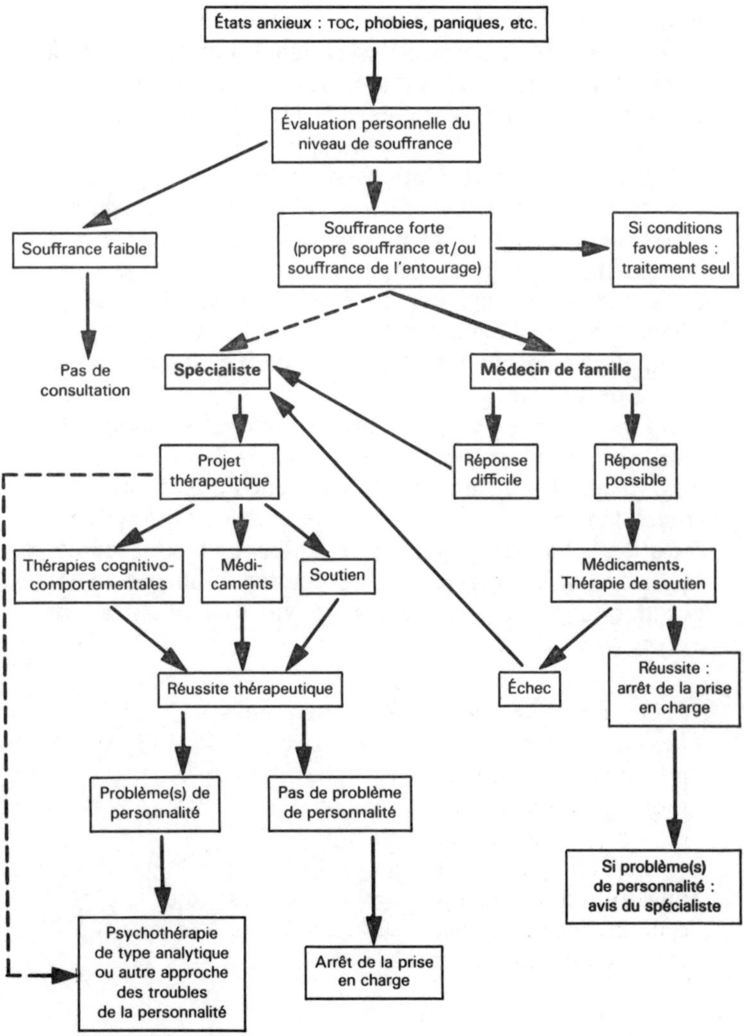

BILAN DES DIFFÉRENTES STRATÉGIES THÉRAPEUTIQUES

Conclusion

Pendant de nombreuses années, les anxieux n'ont pas été à la fête. L'anxiété n'était le plus souvent pas reconnue et, lorsqu'elle l'était, on la considérait comme un trouble mineur qui ne nécessite qu'une poignée de tranquillisants prescrits à la va-vite au bas des ordonnances.

Les psychiatres, enfermés dans une option théorique, ne pouvaient proposer isolément que les médicaments, la psychanalyse ou le comportementalisme. Pas question de faire face à la diversité des patients et encore moins à leurs demandes thérapeutiques.

Or, non seulement les troubles anxieux sont divers, mais les patients ont souvent une préférence parmi les traitements possibles. On dispose aujourd'hui de traitements variés et efficaces qui peuvent s'adapter aux désirs et aux pathologies des anxieux.

Il est essentiel que ces progrès récents de la psychiatrie puissent enfin être mis au service des anxieux qui pourront désormais choisir leur traitement et bénéficier de prises en charge efficaces.

QUELQUES ADRESSES UTILES

Depuis un ou deux ans les consultations d'anxiété ont fleuri un peu partout en France. Tant mieux pour les anxieux. Nous ne les citerons pas toutes car régulièrement de nouvelles s'ouvrent. Si vous habitez dans une région que nous ne citons pas adressez-vous soit à l'AFTCC, 100, rue de la Santé, 75014 Paris, qui vous communiquera les adresses des cognitivo-comportementalistes de votre région, soit au CHR (Centre hospitalier régional) de votre ville.

Rappelez-vous que dans une bonne consultation d'anxiété on doit vous laisser choisir parmi toutes les techniques disponibles et notamment les traitements médicamenteux et les traitements cognitivo-comportementaux.

RÉGION PARISIENNE :

INSTITUT FRANÇAIS DE L'ANXIÉTÉ ET DU STRESS
I.F.A.S.
35, avenue de la Motte-Picquet – 75007 Paris
Tél. : 45.56.02.26

HÔPITAL BICHAT
Consultation Anxiété et Phobies
46, rue Henri-Huchard – 75018 Paris
Tél. : 40.25.80.80

Pour les adolescents :
CENTRE PHILIPPE PAUMELLE
11, rue Albert-Bayet – 75013 Paris
Tél. : 40.77.43.00

CENTRE HOSPITALIER DE VILLENEUVE-ST-GEORGES
40, allée de la Source – 94190 Villeneuve-St-Georges
Tél. : 43.86.20.00

HÔPITAL ST-ANTOINE
Service du Pr Alby
184, rue du Faubourg St-Antoine – 75571 Paris Cedex 12
Tél. : 49.28.26.35 – 49.28.26.45

HÔPITAL LAENNEC
Service du Pr Q. Debray
42, rue Sèvres – 75007 Paris
Tél. : 45.44.39.39

***

CAEN : CENTRE ESQUIROL
Consultation d'Anxiété et du Stress / Service Psychiatrie
CHU Côte de Nacre – 14033 Caen Cedex
Tél. : 31.44.81.12

NANTES : HÔPITAL ST-JACQUES
Service du Professeur Besançon
85, rue St-Jacques – 44035 Nantes Cedex
Tél. 40.84.64.02

LYON : HÔPITAL NEUROLOGIQUE
59, boulevard Pinel – 69003 Lyon
Tél. : 72.35.72.35

MARSEILLE : HÔPITAL STE-MARGUERITE
Service du Pr Poinsot
270, boulevard Ste-Marguerite – 13009 Marseille
Tél. : 91.74.40.82 – 91.74.37.41

LILLE : CHU DE LILLE
Clinique de l'anxiété, service du Pr Parquet
57, Bd de Metz – 59037 Lille Cedex
Tél. : 20.54.78.20

SAINT-ÉTIENNE : C.H.R.U. de St-Étienne
HÔPITAL BELLEVUE (Pav. 52 A)
Service du Pr Pellet
23, bd Pasteur – 42023 St-Étienne Cedex

BORDEAUX : CENTRE CARREIRE
121, rue de la Béchade – 33076 Bordeaux Cedex
Tél. : 56.56.34.45 (Pr Bourgeois) et 56.56.34.53 (Pr Tignol).

NICE : HÔPITAL PASTEUR
Service de Psychiatrie
30, avenue de la Voie-Romaine
BP 69 – 06002 Nice Cedex
Tél. : 93.81.71.71

LIMOGES : CENTRE GAY-LUSSAC
48, cours Gay-Lussac – 87000 Limoges
Tél. : 55.77.70.63

POUR EN SAVOIR PLUS

Sur l'anxiété

D. BARLOW, *Anxiety and its disorders,* Guilford Press New York, 1988.

Sur les phobies :

G. APFELDORFER, *Pas de panique,* Hachette, 1985.

Sur la théorie psychanalytique de l'anxiété :

S. FREUD, *Inhibition, symptôme et angoisse,* PUF, 1965.
S. FREUD, *Introduction à la psychanalyse,* Payot, 1951.

Sur le stress :

R. DANTZER, *L'illusion psychosomatique,* Odile Jacob, 1989.
Fr. LELORD, *Dix conseils pour bien vivre avec son stress,* Publi-Union Éditions, 1990.
J. RIVOLIER, *L'Homme stressé,* PUF, 1989.

Sur la dépression :

D. WIDLOCHER, *Les logiques de la dépression,* Fayard, 1983.
H. CUCHE et A. GÉRARD, *Je vais craquer,* Flammarion, 1988.

Sur la psychiatrie :

E. ZARIFIAN, *Les Jardiniers de la folie,* Odile Jacob, 1988.
DSM III-R, Masson, 1989.

CET OUVRAGE A ÉTÉ COMPOSÉ
ET ACHEVÉ D'IMPRIMER SUR ROTO-PAGE
PAR L'IMPRIMERIE FLOCH À MAYENNE
EN SEPTEMBRE 1992

N° d'impression : 32784.
N° d'édition : 7381-0186-1
Dépôt légal : septembre 1992.
Imprimé en France